Thomas Diener
Essenz der Arbeit

Thomas Diener

Essenz der Arbeit

Die Alchemie der Berufsnavigation

arbor
Arbor Verlag
Freiamt im Schwarzwald

1 2 3 4 5 Auflage
06 07 08 09 10 Erscheinungsjahr

Titelfoto: © 2006 Zentralbibliothek Zürich
(Aurora consurgens, Ms. Rh. 172, f. 36r)
Copyright © 2006 der in diesem Buch verwendeten Abbildungen
siehe Bildquellen auf Seite 120
Lektorat: Eva Bachmann
Druck und Bindung: Westermann, Zwickau

Dieses Buch wurde auf 100 % Altpapier gedruckt und ist alterungsbeständig.
Weitere Informationen über unser Umweltengagement
finden Sie unter www.arbor-verlag.de/umwelt.

www.arbor-verlag.de

ISBN 3-936855-39-0

Inhalt

Vorwort

Die Arbeitswelt verändert sich rasend schnell. Arbeitslosigkeit ist ein Top-Thema in den Medien geworden. Wir erwarten immer noch, dass uns die Wirtschaft genügend Arbeitsplätze zur Verfügung stellt, und bangen doch um unseren eigenen. Gleichzeitig grassieren Burnouts und Mobbing. Die meisten Arbeitnehmer erleben ihren beruflichen Alltag als milde chronische Krankheit – sie bringt einen nicht um, aber sie schmerzt und sie ist lästig. Statt die Arbeit zu befreien und den Menschen die Möglichkeit zu geben, wirklich sinnvollen Tätigkeiten nachzugehen, subventioniert der Staat für viel Geld Arbeitsplätze, die nicht viel besser sind als die Ruderbänke einer Galeere.

Freiheit ist nicht die Wahl zwischen zwei mehr oder weniger unerfreulichen Alternativen. Freiheit bedeutet vielmehr, die Möglichkeit zu haben, etwas wirklich Wichtiges zu tun – etwas, das ich wirklich will. Die Neue Arbeit bietet Freiräume für Kreativität und Entfaltung der eigenen Persönlichkeit. Das Job-System hat ausgedient, und die Menschheit hat die Chance, sich von der Knechtschaft der Lohnarbeit zu befreien.

Dabei spielt der Begriff der Berufung eine große Rolle. Es ist der wichtigste Bestandteil der Neuen Arbeit. Jedem Menschen soll die Möglichkeit gegeben werden, etwas von Bedeutung zu tun, seiner eigenen Berufung nachzugehen. In den Zentren für Neue Arbeit sollen Menschen gemeinsam mit den Mitarbeiterinnen und Mitarbeitern herausfinden, was ihre Berufung ist.

Nach meinen Vorträgen zum Thema Neue Arbeit werde ich regelmäßig gefragt: „Wie wissen Sie, ob jemand das gefunden hat, was er wirklich, wirklich will?“ „Das ist ganz einfach“, antworte ich. „Man sieht es. Der Gesichtsausdruck eines Menschen, seine Körperhaltung und die Art, wie er sich bewegt, lassen daran keinen Zweifel.“

Wie aber findet nun jemand heraus, welche Berufung er oder sie hat? Zu diesem Thema möchte ich Ihnen dieses Buch ans Herz legen. Es gibt keine Antworten, begleitet die Leserin und den Leser jedoch differenziert und einfühlsam auf ihrem Weg zu einer sinnvolleren Lebensgestaltung. Man spürt die langjährige Erfahrung des Autors.

Dass der Autor den Zusammenhang zwischen Berufung und Lebendigkeit herstellt, gefällt mir besonders. Lebendigkeit ist keine Selbstverständlichkeit. Wir sind nicht automatisch lebendig, wir müssen es immer wieder von neuem werden. Dabei lernen wir, das zu machen, was wir wirklich, wirklich wollen. Wer einmal das Leuchten in den Augen eines lebendigen Menschen gesehen hat, wird motiviert sein, sich auf diesen – manchmal beschwerlichen Weg – zu machen. Das vorliegende Buch liefert dazu eine erste Landkarte. Wenn ich eines meiner Bücher signiert zurückreiche, sage ich oft: „Guten Appetit." Den wünsche ich Ihnen auch für dieses Buch.

Frithjof Bergmann
Ann Arbor, im Mai 2006

Prolog

Eines Tages kommen wir an den Punkt, an dem sich die Frage stellt, wie wir unser Leben gestalten möchten. Vielleicht stehen wir vor der Entscheidung, welche Ausbildung, welchen Beruf wir wählen sollten. Vielleicht stehen wir vor einer Veränderung in unserer Lebenssituation: Wir möchten den Wohnort wechseln, suchen eine neue Stelle oder ein neues Tätigkeitsfeld, oder wir wollen nach einer Zeit, in der wir andere Dinge gemacht haben, zurückfinden in die Arbeitswelt.

Vielleicht hat das Leben auch einfach an Schwung verloren. Der Alltag ist langsam und unmerklich immer grauer geworden und wir fangen an, uns vor dem Moment zu fürchten, wo alles zum Stillstand kommt. Wir sehnen uns nach dem Gefühl der Begeisterung und nach einer Lebensfreude, die wir gekannt haben, als unser Leben noch ein Abenteuer war.

Wir schauen uns um nach Menschen, die uns Hinweise geben, wie wir mit diesen Fragen umgehen könnten:

Da gibt es den Baumeister, der empfiehlt, erst einmal das Grundstück des Lebens gründlich auszumessen. Dafür setzt man sich vor ein weißes Blatt Papier, entwirft die Form und die Größe eines Hauses. Und nach diesem Plan beginnt man zu bauen. Stein auf Stein. Wir merken, dass uns ein Haus Sicherheit gibt. Es schützt uns vor Kälte und Regen. Wir schauen uns um und sehen andere Menschen in ihren Häusern sitzen. Die Wände jedoch sind hart und fest und wir vermissen die Überraschung und das schäumende Leben.

Danach treffen wir den Feldherrn. Er empfiehlt uns, ein Land zu wählen, das sich zu erobern lohnt. Man muss eine klare Strategie entwickeln und eine Taktik wählen, von der man sich die beste Wirkung verspricht. So üben wir uns im Umgang mit Waffen, leben gesund und halten uns fit. Ein Ziel zu haben gibt uns Energie. Doch irgendwann beginnen wir an diesem Ziel zu zweifeln. Wir merken, dass wir nicht mehr aus Überzeugung daran festhalten, sondern aus Angst vor der Leere: Es kommt der Moment, wo wir unser Ziel ganz aus den Augen verloren haben. Man kann noch so manche Schlacht erfolgreich schlagen und sogar den Krieg gewinnen. Trotzdem sehen wir am Ende nur noch Mühsal und Kampf: Der heroische Glanz ist verflogen.

Jetzt schauen wir uns um nach Menschen mit dem sanften Glimmen der Zufriedenheit in den Augen. Von ihnen versprechen wir uns wertvolle Hinweise im Umgang mit den Fragen des Lebens und wir lernen dabei die Alchemistin kennen. Sie führt uns in ihr Labor und erklärt uns den Umgang mit Brennofen, Destillierkolben und Filtriersystemen.

Sie lehrt uns das Elixier des Lebens herzustellen; eine Tinktur, die immer wieder neu belebt und die „alle Körper zu ihrer eigenen Würde zieht".

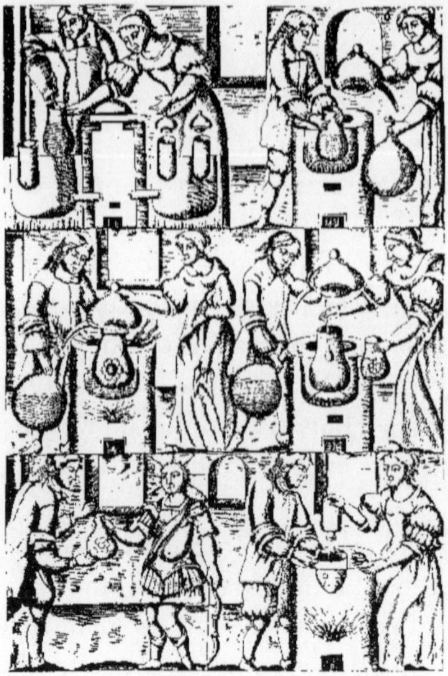

Bild 1
Auf alten Stichen und Bildern einer alchemistischen Werkstatt werden Frauen und Männer oft zusammen abgebildet.*

Die Theorie

Die Rückkehr der Alchemie

Einleitung

Ich arbeitete einmal mit einer Frau, die als Mädchen Kindergärtnerin werden wollte. Sie hegte diesen Traum schon als Fünfjährige. Als sie das Alter erreicht hatte, in dem sie mit der Ausbildung beginnen konnte, ging sie mit Herzklopfen an die Aufnahmeprüfung für das Kindergartenseminar. Sie bestand die Prüfung nicht und wurde stattdessen Sekretärin. Mit 52 Jahren war ihr die Arbeit so zuwider, dass sie den Job aufgab, ohne eine neue Stelle zu haben. Sie setzte sich dann intensiv mit sich und ihren Träumen auseinander und stellte dabei fest, dass sie den Wunsch, mit Kindern zu arbeiten, insgeheim bis heute gepflegt hatte.

Gehen wir mit unseren Träumen, Wünschen und Sehnsüchten nicht ähnlich um? Wir realisieren sie nicht oder nur zögernd, aber wir verabschieden uns auch nicht wirklich von ihnen, um uns neuen positiven Möglichkeiten zuzuwenden. So begleiten sie uns, ohne dass sie unserem Leben eine Richtung geben können, und sind oft eher eine Quelle des Unglücks als Wegweiser zu einem erfüllteren Leben.

Dieses Buch richtet sich an Menschen die ihrem Leben eine neue Richtung geben wollen. Ich arbeite seit über 15 Jahren mit Menschen, die sich in einem Prozess beruflicher Veränderung befinden. Zuerst als Personalberater, dann als Trainer, Coach und Laufbahnberater. Dabei habe ich gelernt, dass Zeiten der Neuorientierung verunsichern und – gerade wenn es um die Erwerbsarbeit geht – sich viele meiner Klientinnen und Klienten als Spielball wirtschaftlicher Entwicklungen fühlen, die sie selbst nicht steuern können. Ihr Gestaltungsraum scheint klein und sie lassen sich schnell entmutigen. Ihre echten Gefühle, Träume und Visionen bleiben so in den Entscheidungen ihres Berufslebens unberücksichtigt.

Diese Haltung laugt aus. Depressionen und Erschöpfungserkrankungen haben in den letzten Jahren stark zugenommen. Wenn wir merken, dass wir beruflich am falschen Ort sind, sollten wir etwas unternehmen. Abwarten macht die Situation meist nicht besser.

Wir können in den Prozess der Veränderung eintauchen, auch wenn wir noch keine Perspektiven sehen, noch keine Vorstellung davon haben, was am Ende herauskommen wird. Dabei werden wir Phasen der Hoffnungslosigkeit erleben, wir werden mit Ahnungen, Bildern und Sehnsüchten konfrontiert. Wir werden in Auseinandersetzungen verstrickt und stehen Hindernissen gegenüber.

Auf diesem schwierigen Weg brauchen wir Navigationshilfe. Bilder und Parabeln haben in vielen Kulturen die Funktion, eine Richtung zu weisen und in schwierigen Phasen Trost zu spenden. Aber welche Geschichten passen zum Thema der beruflichen Veränderung? Ein hilfreiches Bild ist sicher das der Reise: Wir brechen auf ins Ungewisse, bestehen Abenteuer und kommen bereichert und verändert zurück. Viele Heldengeschichten folgen diesem Muster.

Eine andere Metapher, die sehr gut auf den Prozess der Berufs- und Lebensnavigation passt, ist weniger bekannt: Es ist der alchemistische Prozess, wie er aus vielen Schriften und Parabeln des Mittelalters überliefert wird. C. G. Jung, ein Pionier der Psychoanalyse, hat die Alchemie im 20. Jahrhundert sozusagen wiederentdeckt und sie als Bilderreservoir für seine Form der analytischen Psychologie zu nutzen gewusst. Dieses Buch ist der Versuch, diese alten Bilder neu zu beleben, indem ich sie mit den Erfahrungen in Verbindung bringe, die ich in der langjährigen Arbeit mit Menschen, die in Veränderung begriffen sind, gewonnen habe.

Der erste Teil des Buches gibt eine Einleitung in die Ideenwelt, die mich in der Berufsnavigation leitet, der zweite Teil beschreibt die Praxis. Ich wünsche viel Spaß bei der Entdeckungsreise.

Die Goldmacher

Waren Alchemisten nicht diese Leute, die dem Wahn nachhingen, dass sich aus Blei Gold herstellen ließe? Warum sollen wir uns heute mit den wissenschaftlichen Irrtümern der Menschen aus früheren Zeiten auseinandersetzen?

Um die Frage zu beantworten, können wir uns probeweise in das Denken eines Menschen hineinversetzen, der noch nichts wusste von der modernen Welt der chemischen Elemente. Bis vor 200 Jahren gab es wenig naturwissenschaftliche Kenntnisse über chemische Vorgänge. Die Alchemisten beobachteten die Natur und sich selber. Die Theorien, die sie dabei entwickelten, sagten viel aus über die Art, wie sie die Welt erlebten. Einiges davon hat sich als falsch herausgestellt. Anderes jedoch hat – häufiger auf psychologischem als auf naturwissenschaftlichem Feld – seine Bedeutung nicht verloren.

Für die Alchemisten befand sich die Schöpfung in Entwicklung. Die Welt reifte langsam und wurde dabei Stufe um Stufe edler. Auch der Charakter des Menschen reift über die Jahre und gerade hier zeigt es sich doch, dass die Natur Raum lässt zur Mitgestaltung. Gewisse natürliche Prozesse können vom Menschen vorangetrieben werden. Warum soll das nicht auch bei Prozessen im Mineralreich möglich sein. Reifen Metalle nicht im Schoß der Erde und werden dort durch geheimnisvolle, aber natürliche Prozesse immer edler? Vielleicht könnte man solche Entwicklungen unter Laborbedingungen beschleunigen, so dass sich das unedle Blei in vernünftiger Zeit in Gold verwandelt. Gut, zugegeben: Einfach wird das nicht sein, sonst wäre das Goldmachen keine hohe Kunst. Aber unser Adept, unser Schüler der Alchemie, war ja nicht allein. Er hatte vielleicht einen Lehrer, der behauptete, dass es ihnen gelungen sei, oder zumindest Manuskripte aus zuverlässigen Quellen, in denen Rezepte notiert waren. Keine einfach verständlichen Rezepte selbstverständlich. Schließlich hatte jeder Berufsstand seine Geheimnisse, und Unbefugte sollten sich besser nicht daranmachen, das Rätsel zu lösen. Die Texte waren kodiert und enthielten bewusst Fehlinformationen. Nur der Berufene sollte sie entschlüsseln …

Über all die Jahrhunderte, in denen die Alchemie eine hochgeschätzte Kunst war, hofften die Alchemisten, in ihren Laboratorien eines Tages echtes Gold herzustellen. Gelbe metallische Substanzen brachten sie durchaus zustande, und diese Beinahe-Erfolge, dieses knappe Scheitern ist einer der Gründe, warum sie immer wieder mit neuer Hoffnung ans Werk gingen. Bei ihren Versuchen lernten die Alchemisten viel über die Materie, und eine ganze Reihe von Erkenntnissen und Erfindungen, die wir heute ganz selbstverständlich nutzen, sind in ihren Laboren entstanden.

Natürlich gab es unter den Alchemisten auch Scharlatane, und das Schillernde, Geheimnisvolle und Heilige, das die Alchemie umgab, mischte sich immer wieder mit profaner Geldgier auf der einen und Dummheit auf der anderen Seite.

Neben der materiellen erforschten die Alchemisten gleichzeitig eine ganz andere Welt. In dieser ist die Sehnsucht eine wirksame Kraft und Wandlungsprozesse folgen nicht den Gesetzen des atomaren Periodensystems. Einige erkannten intuitiv, dass ihre Traktate auch allegorisch gelesen werden können. Sie zeichneten dabei ganz nebenbei Bilder und erarbeiteten Strukturen, die wir heute der Psychologie zuordnen würden.

Die scharfe Trennung zwischen Geist und Materie ist ein Kind der Moderne und daher erstaunt es nicht, dass die Alchemie in ihrem geheimnisvollen Zwischenreich, diesem Reich, in dem innerer und äußerer Wandel sich gegenseitig bedingen und durchdringen, so lange überleben konnte.

Als der praktische Teil der Alchemie in der Naturwissenschaft aufging und zur Chemie wurde, verlor der verbleibende Rest seine Anbindung an die reale Welt des Labors. Es entstand ein seltsamer Jahrmarkt schwärmerischer und inhaltsleerer Spekulationen und bald hauchte die „Große Kunst“ scheinbar für immer ihr Leben aus. Zurück blieb eine nüchterne Welt.

Die nüchterne Welt

Ist es nicht gerade diese Nüchternheit, unter der heute viele leiden? Mit dem Siegeszug der Naturwissenschaft hat sich ein mechanistisches Weltbild verbreitet, das durch die Industrialisierung in alle Winkel der Arbeitswelt eindrang.

Natürlich haben wir mit dieser Entwicklung viel gewonnen und fast niemand will zurück in eine Zeit, als wir unsere Bettwäsche im Kessel über einem Holzfeuer kochten und das Wasser vom Brunnen ins Haus schleppten. Wir haben heute durch die technologische Entwicklung viele Probleme gelöst. Materiell geht es uns, den Privilegierten in den Industrieländern, so gut wie noch nie, und trotzdem: Immer mehr Menschen leiden unter dem Gefühl, dass ihre Arbeit ohne Sinn ist. Irgendwo auf dem Weg in eine bessere Zukunft hat die Arbeit die Seele verloren. Die Zahl der Arbeitnehmerinnen und Arbeitnehmer, die an einem Burnout, unter Depressionen, aber auch unter Mobbing leiden, nimmt Jahr für Jahr zu. Was ist mit unserer Arbeitswelt passiert?

Wir nähern uns diesem Thema am besten, in dem wir uns aufmerksam die Geschichten anhören, die Menschen über den Lauf ihres Lebens erzählen. Um das zu verdeutlichen, möchte ich etwas aus meinem eigenen Leben berichten: In meiner Jugend habe ich Arbeitswelt und Leben noch als eng verknüpft erlebt. Der Lebensmittelladen meiner Eltern diente manchmal auch als Spielplatz für uns. In gewisser Weise habe ich am Beispiel meiner Eltern Arbeit als eine sinnvolle, frei bestimmbare Tätigkeit erlebt, und nicht nur als das Erfüllen einer vorgegebenen Funktion. Meine Lehre als Werbekaufmann habe ich mit gemischten Gefühlen hinter mich gebracht. Werbung hat mich zwar interessiert und der Lehrbetrieb war familiär und angenehm, die Bürowelt insgesamt kam mir jedoch unecht vor. Es wurde mir schnell klar, dass in „der Wirtschaft", wie ich sie hier erlebte, eine enge Definition von Beziehung herrscht und dass nicht mein Wohlergehen als Person, sondern das Funktionieren in einem vorgegebenen Rahmen das Kriterium für Erfolg ist.

Ich zog damals die Konsequenz aus dieser Erfahrung und arbeitete nach der Lehre in einem selbstverwalteten Betrieb. Dort erlebte ich, dass Arbeit Spaß machen kann. Es war zwar nicht die Tätigkeit an sich, die spannend war. Das Umfeld als Ganzes stimmte jedoch, und ich freute mich auf jede Arbeitsschicht, weil ich die Menschen, mit denen ich arbeitete, mochte und weil ich mit meiner Präsenz das Umfeld mitgestaltete. Als Temporärarbeiter schaute ich später in verschiedene Bereiche hinein. Als Bauarbeiter und Zimmermann, im Kundendienst, als Verkäufer, Buchhalter und Kuhhirte „auf Zeit" fühlte ich mich oft als teilnehmender Beobachter. Diese Selbstdefinition ermöglichte es mir, sehr gut mit den am mich gestellten Erwartungen umzugehen. Durch meine „geheime" Forschertätigkeit hatte ich eine innere Distanz und somit einen Spielraum, der vitalisierend wirkte. Diese Methode versagte jedoch sofort, wenn ich versuchte, mich mit der Arbeit zu identifizieren: Es war lustig, für einige Wochen die Rolle eines Buchhalters zu spielen; die Vorstellung, ein Buchhalter zu sein, hätte das Ende dieses Spiels bedeutet.

Mit meinen Schwierigkeiten in der Arbeitswelt hielt ich mich für eine Ausnahme. Schaute ich mich im Freundeskreis um, hatte ich oft den Eindruck, dass andere sehr genau wussten, was sie wollten, und mit den gegebenen Arbeitsstrukturen gut zurechtkamen. Ich schien der Einzige zu sein, der damit Probleme hatte. Als ich später mit Freunden einen Verein gründete, der Arbeitsplätze im Ökologiebereich vermittelte, wurde mir klar, dass meine Gefühle von vielen Arbeitnehmern geteilt werden. Ich erhielt Anrufe von Dutzenden von Menschen aus allen Berufen und Schichten, die auf der Suche nach einer sinnerfüllten Tätigkeit waren. Diese Menschen erzählten mir von ihren Schwierigkeiten mit der Lektüre von Stellenanzeigen und mit dem Problem, sich als Mensch zu fühlen, wenn es darum geht, ein Puzzlestein mit klar umrissenen Funktionen in einem fremden Betrieb zu werden. Viele litten darunter, in ihrer Arbeit keinen Sinn zu sehen: „Ich möchte am Abend von der Arbeit heimkommen und das Gefühl haben, etwas Sinnvolles geleistet zu haben." Diesen Satz hörte ich immer wieder.

Funktioniere!

Wo ist uns dieses Gefühl für Sinn abhanden gekommen? Auf dem Weg zu mehr materiellem Wohlstand haben wir gelernt, die Welt über ihren Nutzen für uns zu definieren. Aus wunderbaren freistehenden Apfelbäumen sind dabei zurechtgestutzte Spalierpflanzen geworden. Die Effizienz des einfachen Erntens ist uns wichtiger als das freie Wachstum.

Das ist bei einer Apfelplantage vielleicht einleuchtend. Immer tiefer hat dieses Nützlichkeitsdenken jedoch auch in unserer alltäglichen Erfahrungswelt Wurzeln geschlagen: Mitten in unsere Beziehungen und unsere Arbeit hinein. Eine Jury, die jedes Jahr das „Unwort des Jahres“ aus einer ganzen Reihe von eingesandten Vorschlägen auswählt, hat für das Jahr 2004 das Wort „Humankapital“ auf den ersten Platz gesetzt. Ein Wort, das zeigt, wie tief sich funktionale Begriffe aus der Ökonomie schon in unserem alltäglichen Sprachgebrauch eingenistet haben. Aber auch ein Hinweis darauf, dass das Unbehagen wächst angesichts einer Welt, die nur noch ökonomische Gesichtspunkte gelten lässt.

Ein Feld, in dem uns das reine Nützlichkeitsdenken mit großer Heftigkeit trifft, ist die Berufswelt. Die Lohnarbeit wird von den kalten Mechanismen des Marktes gesteuert und dieser fordert von uns laut und druckvoll: Funktioniere!

Der Arbeitnehmer als eindimensionaler Mensch

Der Druck, zu funktionieren, dem wir in der Arbeitswelt ausgesetzt sind, spiegelt sich in den Praxen der Männer und Frauen, die uns und unseren Träumen und Wünschen bei der Entscheidung über unser Erwerbsleben beistehen sollten: bei den modernen Berufs- und Laufbahnberatern.

Standardisierte Methoden, die unsere Phantasie und unsere Lebendigkeit von Beginn an einschränken, sind weit verbreitet und so selbstverständlich, dass wir sie nur selten hinterfragen. Sicher haben Persönlichkeitsfragebögen und strukturierte Interviews in der Berufsberatung ihren Platz und ihre Berechtigung. Das „Zwischenreich der Seele", die Welt, in der die Alchemie sich entwickeln konnte, kommt dabei nicht ins Blickfeld, und die Energie, die entsteht, wenn unsere Träume mit den offensichtlichen und verborgenen Möglichkeiten der Welt in Resonanz treten, kann nicht genutzt werden.

Um ein Gefühl dafür zu bekommen, begleiten wir Sie in eine standardisierte Berufsberatung, wie sie von verschiedenen Institutionen angeboten wird:

Eine kompetente Person macht mit Ihnen eine Reihe von Tests. Sie füllen Persönlichkeitsfragebögen aus, stellen sich den Fragen eines umfangreichen Intelligenztests, lassen sich Ihr Kurzzeitgedächtnis messen, biegen Drähte, um Ihre manuellen Fähigkeiten beurteilen zu lassen, und interpretieren komplizierte dreidimensionale Bilder, um mehr über Ihr räumliches Vorstellungsvermögen zu erfahren. Nach ein oder zwei Tagen haben Sie alle Tests überstanden. Jetzt warten Sie auf die Auswertung der Resultate, und diese werden Ihnen in Form eines Fähigkeitenprofils geliefert. Darin erfahren Sie nicht nur, was Sie können; Ihr Potential ist nun auch mit dem anderer Menschen vergleichbar. Vielleicht liegt Ihr IQ zahn Punkte über dem Durchschnitt, oder Sie wissen, dass Sie im Vergleich mit Gleichaltrigen zwei linke Hände haben.

Die Idee hinter dieser Art von Beratung ist einfach: Zu jedem Beruf, zu jedem Job gibt es ein Anforderungsprofil. Dieses können Sie jetzt mit Ihrem Fähigkeitenprofil vergleichen, und dort, wo es die größte Übereinstimmung gibt, gehören Sie hin.

Dieses Verfahren ist kurz und praktisch, es hat jedoch ein paar grundlegende Mängel: Jede noch so aufwändige Testbatterie reduziert Sie auf diejenigen Informationen, die durch die entsprechenden Tests mehr oder weniger genau gemessen werden können. Es entsteht ein lebloses digitales Profil. Vielschichtigkeit und Mehrdeutigkeit gehen dabei verloren. Und pulsiert nicht genau dort das Leben?

Auch die Anforderungsprofile für Berufe und Arbeitsstellen sind eindimensional und leblos. So ist es nicht verwunderlich, dass viele Stellensuchende eine ganz instinktive Abneigung gegen Stellenanzeigen hegen: Die Beschreibung der gesuchten Person beschränkt sich auf Fähigkeiten und Ausbildungen. Wir fühlen uns dabei nicht als ganze Menschen angesprochen.

Der Berufsberater sagt Ihnen also zum Beispiel: „Aufgrund Ihres Profils sollten Sie sich überlegen, Physiklaborant zu werden.“ Vielleicht gibt Ihnen das ein gutes Gefühl. Je mehr Informationen Sie über diese berufliche Richtung einholen, umso stärker wird Ihre Begeisterung. Dann wissen Sie: Die Beratung hat funktioniert und Sie haben Ihr Geld gut investiert. Vielleicht passiert aber auch gar nichts. Ihr Eignungsprofil stimmt zwar exakt mit dem Anforderungsprofil eines Berufes überein, aber es entsteht keine Resonanz, die Übereinstimmung scheint zufällig und leblos. Jetzt merken Sie, dass Sie bei diesem linearen Vorgehen eine wichtige Seite vernachlässigt haben: die komplexe, vielschichtige, lebendige und oft auch widersprüchliche Welt Ihrer Träume und Wünsche.

Die komplexe Materie

Die klassische Berufsberatung ist stark auf eine Frage fokussiert: Was können Sie und was für Anforderungen kommen in einer bestimmten Arbeit auf Sie zu:

Bild 2
Die Sicht
des Arbeitgebers
auf Ihr Potential

Das ist im Prinzip die Sichtweise der Personalverantwortlichen. Die Rückseite der Medaille ist Ihre eigene Perspektive:

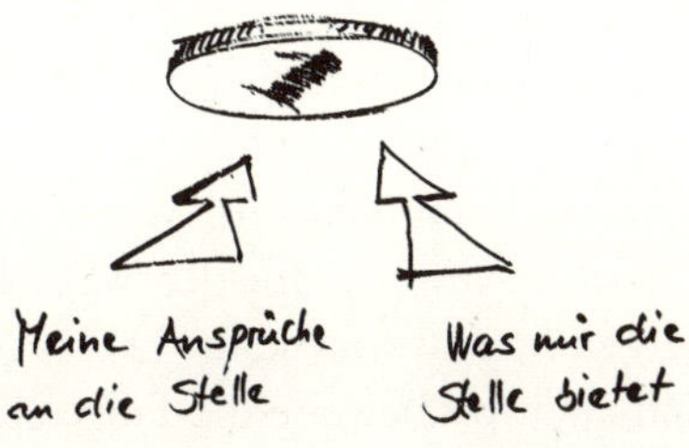

Bild 3
Ihre Sicht auf
eine Arbeitsstelle

Um diesen Fragen gerecht zu werden, müssen Sie in die Tiefe gehen, sich mit irrationalen Impulsen auseinandersetzen, Geduld üben und Erkenntnisse reifen lassen. Dabei entstehen immer neue Fragen:

- Die Frage nach den Welten, in denen Sie sich wohl fühlen.
- Die Frage nach dem, was Sie tief drinnen motiviert.
- Die Frage nach den Qualitäten, die Sie in Ihrem Leben suchen und mit denen Sie sich in Ihren Träumen auseinandersetzen.

In der Gesamtschau sieht das etwa so aus:

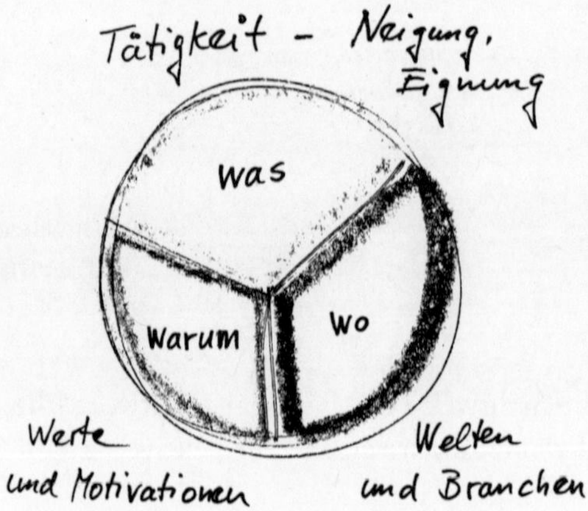

Bild 4
Die Felder, in denen sich die Qualitäten der Arbeit zeigen

Kompliziert genug? Nein, die Sache ist natürlich noch komplexer. Wir entwickeln Antworten auf diese Grundfragen ja nicht im luftleeren Raum. Die Bilder, Ahnungen und Vorstellungen entstehen immer in einer Wechselwirkung mit der Welt. Es ist ein ko-kreativer Prozess: Statt zu fragen, wie Sie Ihr Leben gestalten wollen, könnten Sie sich auch probeweise die Frage stellen, was Ihr Leben von Ihnen möchte. Damit kommen wir in den Bereich der Berufung.

Die Berufung

Die Berufung ist, wie das Wort schon sagt, etwas, das zumindest teilweise von außen an uns herantritt. Wir folgen einem Ruf. Das zeigt, dass wir uns in einen Bereich hineinbewegen, in dem nicht unser Wille herrscht.

Dennoch hat Berufung viel mit uns zu tun. Unsere Fähigkeiten, unsere unbewussten Werthaltungen, unsere bisherigen Erfahrungen und unsere Herkunft haben uns geformt. Unsere Chemie reagiert mit den Bedürfnissen der Welt und führt so zu einer Anziehung, bei der man nicht mehr feststellen kann, ob sie von außen kommt oder von innen. Wenn wir uns intensiv mit dem beschäftigen, was uns wichtig ist, kommen wir früher oder später in eine Resonanz mit der Welt. Plötzlich sind wir nicht mehr sicher, ob wir von einem „ich will" geschoben werden oder ob uns ein „es braucht" zieht. Vielleicht gibt es eine tiefere Ebene, wo diese beiden Sichtweisen als zwei Seiten derselben Medaille erfahren werden.

Damit sind wir mitten in einem Thema der Alchemie: die Vereinigung von Gegensätzen und die Verbindung von äußeren und inneren Prozessen.

So empfängt uns die Alchemistin freundlich an der Tür zu ihrer Werkstatt. Wir lassen uns bei ihr von einem jahrtausendealten subtilen Wissen über äußere und innere Wandlungsprozesse inspirieren.

Das moderne Labor

Der freie Mensch … glaubt an die Bestimmung und daran, daß sie seiner bedarf: sie gängelt ihn nicht, sie erwartet ihn, er muß auf sie zugehen und weiß doch nicht, wo sie steht; er muß mit dem ganzen Wesen ausgehen, das weiß er. Es wird nicht so kommen, wie sein Entschluß es meint; aber was kommen will, wird nur kommen, wenn er sich zu dem entschließt, was er wollen kann.

Martin Buber, *Ich und Du*[1]

Jetzt stehen wir im Arbeitsraum der Alchemistin und wahrscheinlich sind Sie zuerst einmal irritiert: Sie haben sich ein dunkles Labor vorgestellt, mit Destilliergerät, Brennofen und sonstigen rätselhaften Instrumenten. Sie haben erwartet, dass es nach Schwefel und geheimnisvollen Substanzen riecht. Sie freuten sich auf eine Bibliothek mit alten verwitterten Pergamenten.

Stattdessen finden wir uns wieder in einem hellen, eher nüchternen Raum mit ein paar bequemen Stühlen. Es gibt ein kleines Büchergestell, und einige Musikinstrumente stehen in der Ecke. Auf einem Salontisch liegt ein dicker Stapel Postkarten. Aber vor allem gibt es viel Papier, Stifte, Flipcharts und Stellwände. Eigentlich sieht es aus wie im Atelier einer Künstlerin.

Natürlich sind Sie enttäuscht: „Wo ist das Labor?“, wollen Sie wissen. Die Alchemistin bittet uns, Platz zu nehmen, und offeriert eine Tasse Tee. Dann setzt sie sich selbst und erklärt:

„Die Alchemie hat seit ihrer Entstehung in Alexandria einen weiten Weg zurückgelegt. Zur Zeit der Hochblüte der arabischen Alchemie gab es schon rege Handelsbeziehungen mit dem Osten und das islamische Mogulreich erstreckte sich bald bis tief nach Indien. Die Alchemie hat sich dadurch in Indien und China verbreitet. Vielleicht hat sie sich dort ursprünglich auch unabhängig entwickelt. Gleichzeitig gab es in Asien eine hochstehende Kultur der Meditation und der Körperarbeit, und es wurden Vergleiche angestellt zwischen dem alchemistischen Labor und dem Leib, dem psychosomatischen Körper. Daraus entwickelte sich schon bald eine eher introvertierte Lesart der Alchemie. Diese wurde im letzten Jahrhundert von C. G. Jung wieder aufgegriffen. Auf der Suche nach Vorformen und Wurzeln seiner analytischen Psychologie untersuchte er alchemistische Texte und entdeckte in ihrer vielfältigen Bildersprache Parallelen zu den Träumen seiner Patienten und zum Prozess der Analyse.

Das Labor der modernen Alchemie ist also unser Leib, wobei wir uns diesen weit über die Grenzen des Körpers hinausgehend vorstellen. Es gehören auch unsere Träume, unsere Empfindungen, unsere Beziehungen und unsere Projekte dazu. Das Ziel des modernen alchemistischen Prozesses ist es, in diesem Labor eine Substanz herzustellen, die uns und die Welt verbindet. Ein verbreiteter Name für dieses alchemistische Elixier ist ‚Sinn'."

Die Phasen des Prozesses

„Unser Körper, unsere Träume, unsere Beziehungen und unsere Projekte – wenn all das zum Labor gehört, wo, neben dem Alltag, ist da noch Platz für die Alchemie?“, fragen Sie zu Recht.

Bevor die Alchemistin auf diese Frage eingeht, hält sie inne, betrachtet Sie eine Weile aufmerksam und warnt Sie dann vor einer zu oberflächlichen Sichtweise:

„Nehmen Sie die Alchemie als Metapher für Wandlungsprozesse. Prozesse haben einen Anfang und ein Ende, dazwischen liegen Phasen, die ihren ganz eigenen Gesetzmäßigkeiten folgen. Sie müssen sich darauf einlassen, wenn Sie einen Nutzen daraus ziehen wollen. Im Prinzip geht es auch heute noch – wie zur Anfangszeit der Alchemie – um die Beschleunigung von Prozessen und um den Versuch, etwas potentiell Vorhandenes zur Reife und zum Ausdruck zu bringen. Diese Prozesse würden vielleicht auch ohne äußere Hilfe und bewusste Hinwendung ablaufen, aber die Alchemie glaubt, dass wir aufgefordert sind, uns aktiv an der Schöpfung zu beteiligen und Wandlung nicht nur passiv zu erdulden. Aus der Wechselwirkung zwischen der Hingabe an das Schicksal und der schöpferischen Gestaltung der Welt entsteht Zukunft: Das Elixier des Lebens lässt sich in der modernen Alchemie nicht in Flaschen abfüllen. Es ist die Freude, die immer wieder neu entsteht, wenn der Prozess der Erneuerung gelingt.

Ein solcher Prozess der Erneuerung, der Veränderung, hat Phasen. Die Alchemie verfügt hier über ein tiefes Erfahrungswissen. Beim ‚Großen Werk‘, dem OPUS MAGNUM, sprechen wir von drei wichtigen Phasen, die nach Farben benannt sind: Schwärzung, Weißung und Rötung.

Die Schwärzung

Die Phase zum Beginn der Arbeit nennen wir ‚die Schwärzung', NIGREDO. Im Labor der alten Alchemisten ging es dabei vor allem um Prozesse wie Verkohlen und Verschlacken. Auf der psychologischen Ebene ist es der Moment, in dem wir uns bewusst werden, dass das Alte nicht mehr funktioniert, dass unsere innere Dynamik zu einem Stillstand gekommen ist. Es ist die Zeit, in der es uns immer schwerer fällt, uns zu motivieren, da unseren Zukunftsbildern und Gedanken keine Freude mehr innewohnt. Das Alte funktioniert nicht mehr und das Neue ist noch nicht in Sicht. Wahrscheinlich wissen Sie das schon seit einiger Zeit, haben es jedoch verdrängt, haben sich trotzig in die Arbeit oder private Projekte gestürzt und versucht, sich mit allen möglichen Aktivitäten abzulenken.

Daher ist NIGREDO wirklich der Beginn der Arbeit. Es ist der Moment, in dem Sie sich eingestehen, dass es so nicht weitergehen kann. Es ist der Zeitpunkt, bewusst hinzuschauen auf das, was ist.

T. S. Eliot hat in seinem Gedicht ‚East Coker' das Lebensgefühl dieser Phase sehr schön beschrieben:

Ich gebot meiner Seele: sei still und warte, ohne Hoffnung
Denn die Hoffnung stünde für das Falsche; warte, ohne Liebe
Denn die Liebe stünde für das Falsche. Jetzt bricht die Zeit
des Vertrauens an
Doch das Vertrauen, die Liebe und die Hoffnung sind in
Warten gehüllt
Warte ohne Gedanken, wenn du noch nicht bereit bist zu
denken
So soll die Dunkelheit das Licht sein und die Stille der Tanz.[2]

Große Poeten aller Zeiten haben dieser Phase etwas Positives abgewinnen können: Sie besangen die süße Melancholie. Der moderne Mensch hat jedoch Mühe mit diesem Zustand. In einer Phase des Rückzugs sitzen wir da und brüten vor uns hin. Die

Welt um uns, die nach Aktion und Fun schreit oder auf Effizienz und Zielorientierung schwört, ist von unserem Nichtwissen und Nichthandeln irritiert. Die Dunkelheit wurde in eine verbotene Kammer verdrängt und auf der sorgsam verschlossenen Tür steht: Vorsicht, nicht öffnen: Depressionsgefahr!

So fällt es uns heute schwer, diesen Zustand als einen ersten Schritt in einem kreativen Prozess der Neuorientierung zu sehen.

Bild 5
Meditierender Alchemist im Zustand der NIGREDO zu Beginn des „Großen Werks“

Die Weißung

Die zweite Phase nennen wir ‚die Weißung‘, ALBEDO. Die Alchemisten haben ALBEDO oft als eine Form der Reinigung und als einen ersten Schritt zur Veredelung verstanden. Eine hierbei verwendete Technik war das Verdunsten- und Kondensierenlassen der Ausgangssubstanz in einem geschlossenen Kreislauf.

Das ist ein schönes Bild für einen Zustand, den wir alle kennen: Wie oft drehen sich unsere Gedanken in Zeiten der Neuorientierung im Kreis. Wir wälzen sie immer wieder und kommen immer wieder zum gleichen Punkt. Vielleicht nehmen wir einfach nicht wahr, dass sich der Gegenstand unserer Gedanken bei jedem Durchlauf etwas mehr aufhellt.

Wurde die Schwere lange genug bearbeitet, lichtet sich die Schwärze und macht der Inspiration Platz. Jetzt tauchen Bilder auf, die uns tief berühren. Wir sind fasziniert von neuen Perspektiven und Ideen.

Bild 6

Die weiße Taube steigt aus den vier Elementen heraus. Der Salamander symbolisiert die PRIMA MATERIA. Der Geist hat sich aus dem Physischen befreit. Das Symbol der weißen Taube begegnet uns häufig im Zusammenhang mit dem Prozess der Weißung. Die Zeit der Inspiration bricht an.

Noch haben diese Bilder nicht die Kraft, uns zum Handeln zu bewegen, aber wir spüren, wie etwas in uns aufsteigt und sich mit dem Universum verbindet.

Auch dieser Zustand ist universell und wird in der ganzen Welt besungen:

Jeder Stern ist ein Traum, der in der Nacht funkelt.
Jeder Stern ist verschieden, so verschieden wie unsere Träume.
Jede Geste verkörpert eine Suche, die das ganze Leben dauert.
Jede Geste ist verschieden, so verschieden wie die Wege einer Suche
Eines Tages vielleicht, in einem fernen Hafen, legen unsere Träume und unsere Suche an.

Segle, Boot, segle

Trag uns weit weg, weg von uns selbst,
Bis wir einer unbekannten Kraft begegnen,
Und dort, am Ende unserer Sehnsucht,
fliegt unser Herz und mit ihm der Wunsch, für immer ein Vogel zu sein,
frei von jeder Leidenschaft.
Unser Herz fliegt, fliegt, auf der Suche nach dem,
was sich hinter jeder Geste und jedem Traum verbirgt,
endlich vereint im Gegensatz.

LIED AUS CABO VERDE [3]

Die Rötung

Die dritte Phase heißt ‚die Rötung', RUBEDO. Hier wird die Wärme weiter gesteigert, bis Sie das inspirierende Bild spontan dazu bewegt, aktiv zu werden. Jetzt stehen Sie wieder mit beiden Beinen auf der Erde und handeln. Ihre Arbeit hat dabei eine neue Klarheit gewonnen, unter der sich die Dinge fast wie von selbst ordnen. Eine Rose ist eine Rose ist eine Rose …"

Hier ist Ihr erstes Treffen mit der Alchemistin zu Ende. Wir verlassen nachdenklich ihre Räume und versuchen das, was sie gesagt hat, in unsere eigenen Erfahrungen einzuordnen.

Bild 7

„Oculatus abis" – mit Augen versehen, gehst du weg. Der Prozess ist zum Ende gekommen. Im Hintergrund die nun nicht mehr gebrauchte Himmelsleiter.

Die Erfahrung der Nacht

Kennen wir diesen Dreischritt nicht aus modernen Planungsmethoden, beispielsweise der Zukunftswerkstatt? Dort heißen die Phasen Kritikphase, Kreativphase und Umsetzungsphase. Wahrscheinlich steckt dahinter ein allgemeines Erfahrungsmuster, das, so kann ich mir vorstellen, auf die Erfahrung der Nacht zurückgeht.

Ich finde dieses Muster auf jeden Fall immer wieder in den Erzählungen meiner Klientinnen und Klienten:

> „In einem kleinen Dorf in Griechenland habe ich keine Unterkunft mehr gefunden. Es war Sommer, gutes Wetter: Eine Nacht im Freien daher eine naheliegende Lösung. Nur, es war Leermond und Wolken zogen auf. Die Nacht wurde sehr, sehr dunkel und sowohl die unbequeme Unterlage, wie auch die ungewohnten Geräusche ließen mich nicht einschlafen. Diese Nacht wurde endlos. Ich hatte keine Uhr dabei und so bin ich in eine absolute Zeitlosigkeit versunken. Wie habe ich die Morgendämmerung herbeigesehnt! Aber irgendwann glaubte ich nicht mehr daran, dass es noch einmal hell wird. Natürlich wusste ich aus Erfahrung, dass der Morgen irgendwann anbrechen würde, die dazugehörige Sicherheit war mir in jener Nacht nur noch ein fernes Echo. Meine Gedanken drehen sich immer wieder um die gleiche Frage.
>
> Ich kann mich heute nicht mehr genau daran erinnern, was für ein Problem ich damals wälzte, sicher ist jedoch, dass die Frage damals für mich existentiell war. Schließlich wurde es ganz langsam und unmerklich heller. Es war für mich unmöglich, den Übergang von der Nacht zur Dämmerung genau zu bestimmen. Irgendwann war es wieder möglich, die Umrisse der Bäume zu erkennen. Allmäh-

lich kehrten die Farben in die Welt zurück. Unerwartet plötzlich war dann ein Silberstreifen am Horizont. Meine Gedanken wurden leichter und mein Körper hat sich entspannt. Wahrscheinlich bin ich sogar in einen leichten Schlaf gefallen."

Oft kommt der Schlaf nach einer durchwachten Nacht im Morgengrauen. Diese Träume haben eine spezielle Qualität. Sie öffnen etwas und durchbrechen die ständige Wiederholung von Altem. Ein neuer Tag kündet sich an. Der Klient berichtet weiter:

> „Obwohl ich die dunkle Nacht der Hoffnungslosigkeit und die Morgendämmerung der neuen Inspiration erlebt habe, wurde ich vom Sonnenaufgang überwältigt. Mit der Wärme der Sonne kam der Impuls, aktiv zu werden.
>
> An diesem Tag habe ich eine seltsame Entdeckung gemacht. Im Kontakt mit den Leuten im Dorf fiel auf, dass sich über Nacht irgendwie alles verändert hatte. Die ganze Welt war neu! Nun ja, natürlich habe ich irgendwann bemerkt, dass ich es war, der sich verändert hat. Aber trotzdem, die Grunderfahrung hat sich mir eingeprägt: Ein verändertes Sein ist auch eine veränderte Welt. An diese Nacht denke ich, trotz meines grundsätzlich aufgeklärten Weltbildes, in einer Art Verzauberung zurück. Es war ein magischer Moment."

Initiationsrituale

Natürlich haben wir normalerweise keine Ahnung, dass wir in solchen Nächten dem Ruf eines alten Brauches folgen. In vielen Kulturen gibt es Rituale, die Jugendlichen den Übergang ins Erwachsenenleben erleichtern. Die zentralen Fragen dabei sind: „Wer bin ich?" und: „Was will ich, was will die Welt von mir?" Während vieler dieser Rituale verbringen Jugendliche eine Zeit in der Wildnis, oft müssen sie dabei mindestens eine schlaflose Nacht im Freien erleben.

Folgende Beschreibung von John Fire Lame Deer, einem Dakota aus der Rosebud-Reservation, zeigt verblüffende Parallelen zum Bild des meditierenden Alchemisten im Zustand der NIGREDO[4]:

> „Ich war ganz allein auf der Bergspitze. Ich saß da in der Visionsgrube, einem Loch, das man in den Hügel gegraben hatte, meine Arme um meine Knie geschlungen, und sah dem alten Chest nach, dem Medizinmann, der mich dorthin gebracht hatte, wie er tief unten im Tal verschwand … Jetzt war ich ganz auf mich gestellt, für vier Tage und Nächte ohne Essen oder Wasser auf dem Berg allein gelassen …"[5]

Wir finden heute wieder Angebote, die sich auf solche Rituale beziehen. Formulieren Sie eine Frage, die Sie wirklich beschäftigt, und suchen Sie sich einen Platz, an dem Sie eine Nacht verbringen möchten – wenn möglich, ohne zu schlafen. Am nächsten Abend sitzen Sie mit einer Gruppe Gleichgesinnter, die ihrerseits dieses Abenteuer hinter sich haben, um ein Feuer, erzählen Ihre Geschichte und hören den anderen zu, wie diese ihren Platz gefunden haben und was diese in der Nacht erlebten.

Wenn alle diesen Geschichten aufmerksam zuhören und Sie sich vorstellen, dass die anderen nicht von „realen" Erlebnissen, sondern von Träumen erzählen, wecken Sie den Teil in Ihnen, der offen ist für die symbolische Ebene von Bildern und Erlebnissen.

Sie können danach Ihre eigenen Erlebnisse mit Ihrer ursprünglichen Frage verbinden. Wird so eine Nacht gut vorbereitet, kann sie Ihnen einen Eindruck davon vermitteln, was es ganz praktisch heißen könnte, sich mit der Welt zu verbinden und in einem Gesamtbild, das vielleicht erst einmal wirr und zufällig erscheint, eine Spur von Sinn zu entdecken.

Die Praxis

Das Standardverfahren der Alchemie

in der Berufs- und Lebensnavigation

Einleitung

Für mich gibt es in der Arbeit mit Menschen, die sich in einem Veränderungsprozess befinden, Parallelen zur Alchemie. Ich beschäftige mich schon seit einigen Jahren mit den Analogien und habe diesem Thema auch eine Abschlussarbeit gewidmet.[6]

Ich will damit natürlich nicht sagen, dass die Berufsnavigation Alchemie ist. Nebenbei bemerkt, ich kenne auch niemanden, der Alchemie befriedigend definieren könnte. Die Verbindung zwischen der Beratungstätigkeit und dem alchemistischen Werk beruht darauf, dass gewisse Strukturen und Prozesse, die von den Alchemisten beschrieben werden, Ähnlichkeiten haben mit den Strukturen und Prozessen, die mit einer Neuorientierung einhergehen.

Das Hantieren mit Symbolen und Analogien war bei den alten Alchemisten selbst weit verbreitet und es macht viele ihrer Texte so inspirierend und vielfältig interpretierbar. Natürlich entstanden auch höchst obskure Traktate. Das Denken in Analogien ist notwendigerweise unscharf und führt nur im Zusammenhang mit konkreten Erfahrungen zu sinnvollen Aussagen. Die Alchemisten hatten das Labor, in dem sie mit der manifesten Welt der chemischen Stoffe konfrontiert waren und konkrete Erfahrungen sammeln konnten. Dadurch war es ihnen unmöglich, sich zu stark in hermetische Spekulationen zu verlieren.

In der Berufsnavigation ist es der Kontakt zu Menschen in ihren konkreten Situationen, der mich immer wieder zu einer ebenso konkreten Erfahrung zurückführt. Auf dem Boden dieser über fünfzehnjährigen Praxis ist schließlich meine „Spekulation" über Berufsnavigation als alchemistische Kunst gewachsen. Manchmal verwende ich in meinen Kursen Bilder und Geschichten aus der alchemistischen Tradition, und ich bin immer wieder überrascht, wie gut diese Metaphern verstanden werden und wie hilfreich sie oft sind. Die Resonanz meiner Kursteilnehmerinnen und Kursteilnehmer auf mein Interesse an der Alchemie hat mich dazu bewogen, dieses Buch zu schreiben.

In Anlehnung an den alchemistischen Prozess hat sich in den letzten Jahren in meinen Kursen ein Standardverfahren herauskristallisiert. Wie in der Alchemie werden wir dieses in der konkreten Praxis jedoch nie in Reinform zu Gesicht bekommen. Wer mit Menschen arbeitet, weiß, wie unterschiedlich jede einzelne Situation ist. So weichen konkrete Beratungen weit ab von dem, was wir hier als Standard definieren. Trotzdem ist das Modell für mich in der praktischen Arbeit wertvoll. Ich frage mich zum Beispiel, in welcher Phase ein Klient gerade steckt, ob er ermutigt werden sollte, das Nichtwissen noch eine Weile auszuhalten, ob es angebracht ist, ihn ins Träumen hineinzubegleiten, oder ob es an der Zeit ist, einen gewissen Druck zu verstärken, der sich oft vor Entscheidungsprozessen oder vor Durchbrüchen ins Handeln aufbaut.

In diesem zweiten Teil des Buches werde ich das Standardverfahren der Berufs- und Lebensnavigation beschreiben und es immer wieder mit den Bildern der Alchemie in Verbindung bringen. Wir werden dabei den drei Phasen NIGREDO, ALBEDO und RUBEDO erneut begegnen und ihre Bedeutung vertiefen. Zuerst wenden wir uns jedoch dem Urstoff der Alchemie zu, der PRIMA MATERIA.

Die PRIMA MATERIA

Die PRIMA MATERIA ist das Ausgangsmaterial des alchemistischen Prozesses. Es gab Alchemisten, die vermuteten, dass sie direkt in der Natur gefunden werden kann. Für andere waren erste Permutationen, Umwandlungen, nötig, um zu diesem sagenumwobenen Stoff zu gelangen.

Der Lebenslauf

C. G. Jung nannte die Urmaterie manchmal auch „massa confusa". Das ist eine gute Umschreibung für den Zustand, in dem sich jemand befindet, der anfängt, über seine Berufslaufbahn nachzudenken. Das bisherige Leben ist der Stoff, den wir in der Berufs- und Lebensnavigation bearbeiten. Am Anfang jedoch ist alles vermischt und konturlos, und es findet sich kein roter Faden, den wir aufnehmen könnten.

Die Alchemistin macht uns darauf aufmerksam, das der Beginn des Prozesses schwierig sein kann. In der ersten Phase beschäftigen wir uns mit unserem bisherigen Lebenslauf und den Mustern, die wir darin vorfinden. Ohne ein Gefühl des Unbehagens würde wohl kaum jemand in eine Beratung kommen. Die Arbeit an der eigenen Biographie kann schmerzlich sein. Wir erkennen Dinge, die uns nicht gefallen. Für die Alchemistin ist dieses Leiden zum Beginn ein gutes Zeichen. Es zeigt, dass der Prozess in Gang gekommen ist und dass die Veränderung vielleicht größer und wunderbarer wird als geahnt.

Interview

Die konkrete Beratungsarbeit beginne ich an diesem Punkt oft mit einem Interview. Die Fragen haben eine einfache Struktur:

- Was haben Sie gemacht? (Ausbildungen, Arbeitsstellen, andere wichtige Ereignisse wie Auslandsaufenthalt, Beziehungen, Heirat, Kinder usw.)
- Warum haben Sie sich für diese Sache entschieden?
- Was waren die längerfristigen Pläne dahinter?
- Was für Vorstellungen / Erwartungen hatten Sie, als Sie sich dafür entschieden haben?
- Wie war es dann tatsächlich?
- Wie haben sich Ihre längerfristigen Vorstellungen / Pläne im Laufe der Zeit verändert?

Die Fragen beziehen sich aber auch auf das, was Sie in Ihrem Leben nicht gemacht haben:

- Welche Schritte wären aus der inneren Logik Ihres Lebenslaufs heraus möglich gewesen?
- Welche Gründe sehen Sie, dass Ihre Entwicklung an diesen Punkten eine andere Richtung genommen hat?

Viele Menschen machen in diesen Interviews die Erfahrung, dass sie gar nicht so genau wissen, welche Absichten hinter ihren Entscheidungen stehen. Vieles scheint zufällig und unvollständig.

- Da ist der Mann, der eine Ausbildung nur gemacht hat, weil er dadurch mit seinem besten Freund auf die gleiche Schule konnte.
- Da ist die Kunststudentin, die abbricht, um Lehrerin zu werden, weil das ein Beruf mit viel Ferien ist.
- Jemand macht eine Lehre am erstbesten Ort, an dem er schnuppern konnte.

Die Absicht

Könnte es sein, das sich ausgerechnet unsere Absicht, etwas so Persönliches und Intimes, unserem Bewusstsein – oder sogar unserem Willen – entzieht? Ich glaube, ja. Intention ist viel zu komplex, um sie zu kontrollieren. Sie ist zusammengesetzt aus dem, was wir wollen – und oft schlagen ja mehrere Seelen in unserer Brust –, aus dem, was uns umgibt, und aus alten Mustern, die uns nur zum Teil bewusst sind.

Das heißt jedoch nicht, dass wir unsere Intention nicht erkennen und beeinflussen können. Wie wir uns von unseren Freunden, Mitarbeitern und Vorgesetzten nicht alles gefallen lassen, so sollten wir auch unseren automatisch ablaufenden Mustern nicht einfach folgen.

Ändern kann ich jedoch nur, was ich kenne. Wir müssen unserer Intention also irgendwie auf die Schliche kommen. Wenn wir nicht nur unsere Entscheidungen, sondern auch unsere Handlungen und ihre Wirkung als Teil unserer Absicht betrachten, fällt uns das leichter.

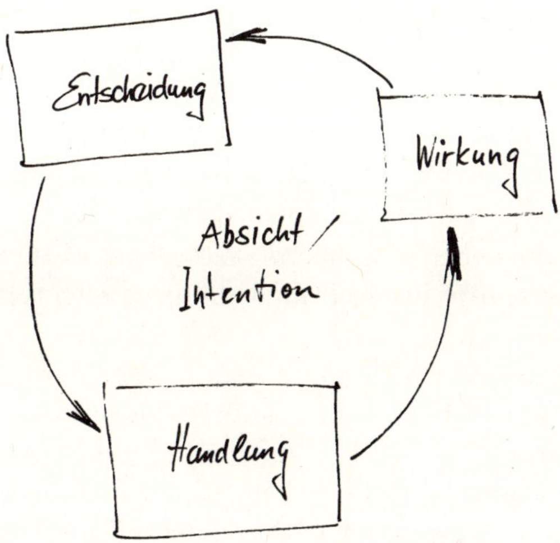

Bild 8
Der Kreis
der Intention

Wie weit ist es Ihnen möglich, die Verantwortung für diesen Kreislauf zu übernehmen?

Es wird Muster in Ihrem Leben geben, die sich wiederholen. Ereignisse, die eine ähnliche Struktur haben. Diese Dinge können Sie in den Kreislauf der Absicht einordnen. Sie sind aus Ihren Entscheidungen, Ihren Handlungen oder den Wirkungen dieser Handlungen entstanden, könnten also etwas mit der Art zu tun haben, wie Sie Ihr Leben leben. Andere Ereignisse waren einmalig. Sie sind eher flüchtiger Natur und haben für diese Betrachtung Ihres Lebens weniger Bedeutung.

Nehmen Sie Folgendes als ein erstes alchemistisches Experiment: Lösen Sie aus dem Stoff Ihres Lebens die „flüchtigen" Teile, den Zufall, heraus. Konzentrieren Sie sich dabei einfach nur auf den Kreis der Absicht. Was übrig bleibt, ist Ihre Intention. Sie bestimmt die Regeln, nach denen Sie Ihr Leben leben. Es kann gut sein, dass Sie nicht alles mögen, was Sie vorfinden, denn unsere Intention ist nicht automatisch konstruktiv. Sie ist in hohem Maße das Produkt unserer Prägungen und daher auch unserer Herkunft.

Schuster, bleib bei deinen Leisten

Herkunft prägt. Kinder aus Akademiker-Familien werden selten Handwerker, Sprösslinge aus einer Handwerker-Familie seltener Akademiker. War die einzige „Künstlerpersönlichkeit" in Ihrer Familie ein versoffener Uronkel, der in den Kneipen gefiedelt hat, um sich ein Gläschen Schnaps zu verdienen – das schwarze Schaf also –, werden Sie eine unsichtbare Wand spüren, wenn Sie sich für eine Künstlerkarriere zu interessieren beginnen.

Es ist daher sinnvoll und hilfreich, sich in der Berufs- und Lebensnavigation auch mit der Herkunftsfamilie auseinanderzusetzen. Wie gut kennen Sie Ihre Ahnen und welche Welten waren diesen vertraut? Welche Einstellung hatten Ihre Eltern zur Arbeit? Wurde sie als notwendiges Übel gesehen? Ging es darum, sich anzupassen, ohne Fragen zu stellen? Galt als Arbeit nur, was körperlich anstrengt? Oder war nur Kopfarbeit das, was zählte?

Wir können diese Werte und Vorstellungen einer kritischen Prüfung unterziehen. Wenn sie uns nicht helfen, unser Leben zu verbessern, sind wir mitten in einem inneren Dialog mit unseren Ahnen. In vielen Kulturen werden Ahnen geehrt, bei wichtigen Entscheidungen um Rat gefragt, aber auch gefürchtet, beschwichtigt, umgestimmt und zuweilen überlistet.

Schlummerndes Potential

Der Stoff, den wir nach diesem ersten Experiment erhalten haben, muss weiterverarbeitet werden. Dazu werden wir uns auf eine Substanz in uns konzentrieren, die Werte setzt, für die es sich zu leben lohnt. Die Alchemisten gehen davon aus, dass selbst in der Materie eine solche Substanz existiert: In der PRIMA MATERIA schlummert das Potential des Goldes.

Die Geschichte vom Indianer und der Grille

Ein Indianer, der in einer Reservation weit von der nächsten Stadt entfernt wohnte, besuchte das erste Mal seinen weißen Bruder in der großen Metropole. Er war sehr verwirrt vom vielen Lärm, von der Hektik und vom Gestank in den Straßenschluchten. Als sie nun durch die Einkaufsstraße mit den großen Schaufenstern spazierten, blieb der Indianer plötzlich stehen und horchte auf. „Was hast du", fragte ihn sein Freund. „Ich höre irgendwo eine Grille zirpen", antwortete der Indianer. „Das ist unmöglich", lachte der Weiße. „Erstens gibt es hier in der Stadt keine Grillen und zweitens würde ihr Geräusch in diesem Lärm untergehen." Der Indianer ließ sich jedoch nicht beirren und folgte dem Zirpen. Sie kamen zu einem älteren Haus, dessen Wand ganz mit Efeu überwachsen war. Der Indianer teilte die Blätter und tatsächlich: Da saß eine große Grille. „Ihr Indianer habt eben einfach ein viel besseres Gehör“, sagte der Weiße im Weitergehen. „Unsinn“, erwiderte sein Freund vom Land. „Ich werde dir das Gegenteil beweisen.“ Er nahm eine kleine Münze aus seiner Tasche und warf sie auf den Boden. Ein leises „Pling“ ließ sich vernehmen. Selbst einige Passanten, die mehr als zehn Meter entfernt standen, drehten sich augenblicklich um und schauten in die Richtung, aus der sie das Geräusch gehört hatten. „Siehst du, mein Freund, es liegt nicht am Gehör. Was wir wahrnehmen können oder nicht, liegt ausschließlich an der Richtung unserer Aufmerksamkeit. Was du hörst, sagt mehr darüber aus, wie du bist, als was dich umgibt.“

Wahrscheinlich sind Sie bei der bisherigen Analyse Ihres Lebenslaufs auf einige Ideale gestoßen, die Sie – mehr oder weniger bewusst – verfolgt haben. Sie können diese vor sich ausbreiten und prüfen, ob sie einfach zur Gewohnheit geworden sind oder ob sie immer noch aktive Orientierungspunkte setzen.

Wie kann das geprüft werden? Am einfachsten geht das über Ihr Körpergefühl. Natürlich weiß ich nicht, wie es sich anfühlt, wenn Sie in Kontakt kommen mit etwas, was für Sie positiv geladen ist. Das ist auch nicht wichtig, denn SIE selbst wissen das sehr genau. Viele Menschen beschreiben es als ein Gefühl des „Weiter-Werdens“, andere sprechen von einem „Kribbeln im Bauch“ oder von einer „Energie“, die in der Wirbelsäule pulsiert. Wenn Sie verliebt sind, spüren Sie Ähnliches.

Neigung und Eignung

Weitere Zutaten sind nötig, um das alchemistische Werk zu beginnen: Sie brauchen provisorische Antworten auf die Frage, wie Sie arbeiten möchten. Mit provisorisch meine ich, dass Sie in dieser Phase noch keine genaue Vorstellung haben müssen. Es reichen erste, schnell hingeworfene Vermutungen, verrückte Ideen und banale Feststellungen.

Das WIE der Arbeit bezieht sich auf die Tätigkeiten, die Sie gern und gut machen. Ich fasse dabei Neigung und Eignung unter einem Punkt zusammen. Das hat seine Gründe. Normalerweise werden Neigung und Eignung, je älter man wird, zu einem einzigen, untrennbaren Faden versponnen: Wenn wir etwas gern machen, werden wir es ziemlich sicher auch oft tun. Die Wahrscheinlichkeit ist hoch, dass wir in dem, was wir oft machen, auch gut werden. Auf der anderen Seite werden wir an dem, was uns leichtfällt, auch leicht Gefallen finden.

Die Frage nach unseren Fähigkeiten und Vorlieben ist schwer zu beantworten. Nicht dass wir sie nicht kennen würden. Sie sind uns jedoch oft so nah, so selbstverständlich, dass wir sie gar nicht wahrnehmen. Vielleicht merken wir nicht einmal, dass es sich um echte „Arbeit“ handelt, wenn wir sie einsetzen.

Ein Apfelbaum wird das „Produzieren“ von Äpfeln nicht als Arbeit erleben. Sie hervorzubringen ist einfach der natürliche Ausdruck seines Wesens. Wenn er aber angestrengt und ohne großen Erfolg versuchen würde, Pfirsiche herzustellen, „empfände“ er das bestimmt als harte Arbeit.

Der Taxifahrer als Naturheiler

Ein Zürcher Taxifahrer machte, nachdem er nach einer schweren Erkrankung seine Arbeit wieder aufnahm, eine verwirrende Entdeckung: Wenn ein Kunde in sein Taxi stieg, hatte er oft ein klares Gefühl, mit welchen gesundheitlichen Problemen sich dieser Mensch herumschlug. Dieses Gefühl war jeweils verbunden mit einer großen Anteilnahme, ja geradezu einer Liebe zu seinen Fahrgästen. Der Taxifahrer ignorierte diese neue „Tätigkeit". Er betrachtete intuitive medizinische Diagnosen nicht als eine Form der Arbeit. Eines Tages machte er die Entdeckung, dass es Fahrgäste gab, die sich von ihm einfach im Kreis herumfahren ließen. Als er diese schließlich fragte, was sie dazu bewog, sagten sie, dass sie sich jedes Mal gesundheitlich besser fühlten, nachdem sie in seinem Taxi gesessen hatten. Das ging noch eine ganze Weile so, bis der Taxifahrer begriff, dass er eine Berufung gefunden hatte und seinen Fahrersitz gegen einen Naturheilpraxisraum in Appenzell eintauschte.

Beim Auflisten Ihrer Fähigkeiten bei der Frage, was Sie wirklich gut können, gibt es zwei Fallen. Die erste: Sie bleiben an allgemeinen Aussagen hängen. Zwei von drei Personen sagen von sich, dass sie gut sind im „Organisieren" oder dass sie „gerne mit Menschen zu tun haben". Diese Aussagen sind so generell, dass sie sehr wenig Informationswert haben. Was organisieren sie gern und wie organisieren sie gut? Durch solches Nachfragen werden allgemeine Aussagen deutlicher. Die zweite Falle ist, Fähigkeiten zu eng zu definieren. Wer sich damit identifiziert, dass er gut ist in C^{++}-Programmierung, wird es schwer haben, sich eine Tätigkeit außerhalb eines eng gesteckten Feldes der EDV vorzustellen.

Neigung und Eignung ist der Bereich des Jobcoachings, zu dem es am meisten Literatur, Fragebögen und Tests gibt.[7] Ich werde deshalb an dieser Stelle nur ein paar einfache Zugangsweisen vorstellen, die sich in meinen Beratungen bewährt haben.

Feedback

Wie wäre es, mit einer Liste von Dingen zu beginnen, die Sie bewirken, ohne das es Ihnen bewusst wird. Befragen Sie dazu Menschen aus Ihrem Umfeld, Ihre Freunde und Ihre Kolleginnen und Kollegen in der Arbeit. Natürlich ist es nicht einfach, ehrliche Antworten zu erhalten. Vielleicht werden selbst gute Freunde eine Weile brauchen, um zu verstehen, was genau Sie von ihnen wissen wollen.

Geschichten erzählen

Eine gangbare Methode empfiehlt Richard Nelson Bolles[8]. Er führt in seinen Kursen jeweils drei Menschen zusammen, die sich bisher nicht gekannt haben, und lässt sie reihum Geschichten erzählen: Geschichten zu Erlebnissen, die sie dazu gebracht haben, aktiv zu werden. Einer beginnt, und die anderen beiden hören aufmerksam zu und versuchen, spezielle Fähigkeiten herauszuhören. Nach der vierten oder fünften Geschichte beginnt sich ein Muster herauszukristallisieren. Man stößt dabei auf Kompetenzen, die auf andere Felder übertragen werden können.

Segelfliegen lernen

Eine Frau schilderte in einer solchen Dreiergruppe folgendes Erlebnis: Sie lernte Segelfliegen und war auf ihrem ersten Flug ohne Fluglehrer. Beim Starten hörte sie ein seltsames Geräusch, das sie nicht einordnen konnte. Sie landete sofort. Es stellte sich heraus, dass beim Start das Hilfsrad nicht ausgehängt worden war, wodurch das Flugzeug einen falschen Schwerpunkt bekam. Es kann ziemlich gefährlich sein, so zu fliegen.

Die beiden anderen der Gruppe haben aus dieser Geschichte die verschiedensten Fähigkeiten abgeleitet:

- unter Druck schnelle Entscheidungen treffen
- den Mut haben, als Frau in eine Welt zu gehen, die – wie hier das Fliegen – von Männern dominiert wird
- das Durchsetzungsvermögen haben, um sich darin zu behaupten
- auf sich allein gestellt reagieren und nicht in Panik geraten

Die Gruppe war sich einig, dass sich darin eine Reihe von Qualitäten zeigen, die etwas mit Führung zu tun haben. Die Frau liebäugelte tatsächlich mit einer beruflichen Zukunft in dieser Richtung.

Lebenserfahrung

Meist sind wir gerade in Umbruchzeiten verunsichert und verlieren das Vertrauen in die Qualität unserer bisherigen „Ausbildung". Ich setze Ausbildung hier bewusst in Anführungszeichen. Wir lernen ja nicht nur in organisierten Zusammenhängen, in Schulen mit Lehrplänen und Diplomen. Siebzig Prozent unseres Wissens und Könnens erwerben wir außerhalb dieser Institutionen. Ich erleben in der Berufs- und Lebensnavigation zum Beispiel oft Frauen, die einige Jahre „nur" Mütter und Hausfrauen waren:

„Was haben Sie in den letzten Jahren gemacht?", frage ich sie.

„Nichts."

„Einige Jahre gar nichts zu machen stelle ich mir ziemlich schwierig vor."

„Ich war zu Hause und hab mich um die Kinder gekümmert."

„Erzählen Sie mir ein bisschen von den Erlebnissen, die Sie mit Ihren Kindern gehabt haben. Von den schwierigen und von den schönen Momenten."

Viele Mütter sind sich auch heute noch nicht bewusst, welche Qualitäten sie in diesem Job, sieben Tage in der Woche achtzehn Stunden am Tag kleine Kinder zu betreuen, entwickelt haben:

- Einfühlungsvermögen
- die Kunst der Motivation
- Improvisation
- Lösung komplexer logistischer Probleme
- Mediation
- Krankenpflege
- das Schaffen von Atmosphäre
- nonverbale Kommunikation usw.

Natürlich spiegelt die Unsicherheit der Mütter auch das – nach wie vor – niedrige gesellschaftliche Prestige der Kindererziehung.

Das Ausbildungskomitee

Früh übt sich, wer ein Meister, wer eine Meisterin werden will. Bei Musikvirtuosen gehen wir davon aus, dass ihre Ausbildung schon mit vier oder fünf Jahren beginnt. Trifft das in der einen oder anderen Form nicht auf uns alle zu? Unsere frühen und oft schmerzlichen Erlebnisse bieten nicht nur die Themen für eine spätere Psychotherapie, sie sind auch der Rohstoff unserer ganz besonderen Fähigkeiten.

Ich möchte Sie an dieser Stelle zu einem Experiment einladen: Stellen Sie sich vor, Ihr ganzes bisheriges Leben war eine gut organisierte Ausbildung. Wir wissen nicht, wer dieses Ausbildungsprogramm für Sie zusammengestellt hat, wir haben auch keine Ahnung, für welche Aufgabe Sie Ihr Komitee fit machen will. Dabei berücksichtigen wir nicht nur die konventionellen schulischen Ausbildungsformen, sondern auch alle anderen

Herausforderungen, die in Ihrem Leben auf Sie zugekommen sind: Familiensituationen, Schicksalsschläge, Beziehungsdramen, Krankheiten usw.

Wenn es Ihnen gelingt, Ihren Lebenslauf einen Moment lang mit den Augen dieses fiktiven Ausbildungskomitees zu sehen, erhalten Sie vielleicht verblüffende Antworten auf einige bisher schwer verdaubare Ereignisse.

Stärken und Schwächen

Wer mit einer Laufbahnberatung beginnt, will meist mehr über seine Stärken und Schwächen erfahren. Schließlich ist das eine der gefürchteten Fragen bei Stellenbewerbungsgesprächen. Dazu erst einmal die gute Nachricht: Es gibt keine Schwächen. Die schlechte: Es gibt auch keine Stärken.

Wir haben Fähigkeiten, Neigungen und Qualitäten. Ob es sich dabei um Stärken oder Schwächen handelt, ist erst aus dem Kontext heraus zu beurteilen. Die Stärke des Elefanten kommt in der Waldarbeit gut zur Geltung. In einem Porzellanladen möchten wir ihn lieber nicht als Verkäufer.

Es gibt keine einzige Neigung, die nicht in gewissen Situationen katastrophal wirken kann. In einer anderen wird sie brillant sein. Wir sollten also die moralische Brille ablegen, wenn wir über unsere Fähigkeiten und Qualitäten nachdenken. Die Teile von uns, die wir ablehnen, werden sicher ausgerechnet im ungünstigsten Moment in den Vordergrund treten und in diesem Kontext dann als Schwächen wahrgenommen, worauf wir sie noch weniger mögen – ein Teufelskreis.

Die Welten

Arbeit besteht nicht nur aus den Tätigkeiten, die wir machen, sondern wird zu einem großen Teil über die Welt definiert, in der wir diese Tätigkeiten ausüben.

Kellner

Ich habe in jungen Jahren mehr als zwei Jahre in einem Restaurant gearbeitet: Getränke serviert, in der Küche mitgeholfen, Toiletten geputzt usw. Dass ich an dem Ort so lange zufrieden war, hatte drei Gründe, die alle zusammenhingen:

- Das Restaurant war Teil eines Kulturzentrums.
- Es war ein selbstverwalteter Betrieb.
- Die meisten meiner Arbeitskolleginnen und -kollegen waren auch aus den oben genannten Gründen dort. Ich habe daher mit Menschen zusammengearbeitet, die – trotz aller Verschiedenheit – ähnliche Werte hatten.

Wir machen uns bei der Planung einer beruflichen Veränderung oft zu wenig Gedanken über die Welten, in denen wir uns wohl fühlen. Aber was genau ist eine Welt? Eine Welt ist ein sinnlicher Erlebnisraum. Wenn jemand zum Beispiel den Flughafen mag, wird er ihn als Ganzes lieben: die internationale Atmosphäre, die großen Hallen mit den blank geputzten Böden, den Geruch von Kerosin, die formelle Professionalität, die Flugzeuge, die Geräusche usw.

Das Betriebsklima eines Ortes, die Architektur, die Kollegenschaft, der spezielle Groove … all das ist wichtig für die Frage, ob Sie sich an einem Ort wohl fühlen oder nicht. Die meisten Menschen verbringen einen großen Teil ihres Lebens an ihrem jeweiligen Arbeitsort. Sie haben das Recht, dafür eine Welt zu suchen, in der sie sich wohl fühlen. Da es unzählige Welten gibt, ist Ihre Chance, die richtige zu finden, groß!

Ausblick

Nun haben wir uns erst einmal mit dem WAS, dem WO und dem WARUM der Arbeit beschäftigt. Dieses Material werden wir im nächsten Kapitel weiter verarbeiten. Vielleicht ist Ihnen aufgefallen, dass wir bisher noch nicht über das WIE, über die Qualitäten gesprochen haben. In gewisser Weise sind diese ein Destillat aus den anderen drei Bereichen. Bis wir diese Essenz jedoch erzeugen können, sind noch einige Arbeitsschritte im Labor der Alchemistin nötig.

NIGREDO – Das Brüten

Was aber die betrübte Seele hier am schmerzlichsten empfindet, ist der Gedanke, Gott habe sie allem Anscheine nach verstoßen und als verabscheuenswürdiges Geschöpf in die Finsternis gestürzt, und dieser Glaube, Gott habe sie verlassen, ist für sie eine überaus schwere und mitleiderregende Pein und noch dazu die furchtbare Angst, daß es allem Anscheine nach immer so bleiben werde. Die Seele sieht sich mitten in jenes Übel hineinversetzt, ins Elend ihrer Unvollkommenheit, in Trockenheit, in völlige Ohnmacht, sich mit ihren Seelenkräften etwas vorzustellen, und in finstere Verlassenheit des Geistes.

JOHANNES VOM KREUZ, *Die Dunkle Nacht*[9]

Die Arbeit, die Sie im letzten Kapitel geleistet haben, war eine wichtige Vorbereitung. Wir haben unser Leben wie Karten vor uns ausgebreitet. Im besten Fall reicht das schon. Sie schauen sich die Auslegeordnung an und wissen intuitiv, wie Ihr nächster Schritt aussehen könnte. Sie spüren den nötigen Tatendrang und machen sich unverzüglich auf den Weg. In diesem Fall haben Sie sich vermutlich schon eine ganze Weile mit den anstehenden Fragen beschäftigt. Ihre innere Spannung brauchte nur noch einen kleinen Impuls, um in Aktion überzugehen.

Wahrscheinlicher ist jedoch, dass Sie jetzt vor den gesammelten Informationen stehen und sich verunsichert fragen: Ja, und, jetzt weiß ich das alles. Was – bitte schön – soll ich damit machen? Gerade wenn wir spüren, dass „etwas" noch nicht reif ist, hätten wir gern konkrete Rezepte und klare Anweisungen für die nächsten Schritte. Die Alchemistin empfiehlt Ihnen jedoch, erst einmal innezuhalten. Sie gibt Ihnen den Rat, sich hinzusetzen und ganz einfach wahrzunehmen, was ist. Ohne Gedanken an die Zukunft, ohne Begeisterung. Sie erklärt Ihnen, dass Sie sich nur zu schnell in ein Netzwerk aus Impulsen verstricken und dass es jetzt zuerst darum geht, so lange nicht zu reagieren, bis etwas Neues deutlich genug in Erscheinung tritt.

Wir kommen damit zu einer zweiten Lesart der PRIMA MATERIA. Sie wurde von den Alchemisten auch als Grundstoff beschrieben, aus dem alles Weitere hervorgeht. Ein Stoff, der selbst noch keine Eigenschaften besitzt, der jedoch das Potential in sich trägt, zu allem Möglichen zu werden. Werden die richtigen Bedingungen geschaffen, auch zu Gold.

Zuerst musste das Metall, mit dem die Alchemistin ihre Arbeit begonnen hat, „sterben". Es musste alle Eigenschaften verlieren: Es wird zur schwarzen glanzlosen Schlacke. In der Metallurgie hat sich die Idee eines Stoffes, der in alles Mögliche verwandelt werden kann, als Irrtum erwiesen. In lebendigen Prozessen hat diese Vorstellung durchaus ihre Berechtigung.[10] Und wie ist es bei Ihnen? Ich bin sicher, auch Ihr Potential ist unermesslich. Wenn ein Kind auf die Welt kommt, kann man nicht voraussehen, zu welcher Persönlichkeit es sich entwickeln und was es in der Welt bewirken wird.[11] Natürlich werden wir über unsere Umwelt geformt. Dennoch ist nicht vorauszusagen, wie unser Wesen und die Umwelt miteinander interagieren. Vielleicht gestalten wir dabei weniger durch das, was wir tun, als durch das, was wir aufgeben, um eine Entwicklung zu ermöglichen.[12] In einem einzigen Leben können Sie nicht alles ausschöpfen, was an Potential in Ihnen steckt. Die Kunst besteht darin, etwas zur Blüte zu bringen, was Sie tief innen berührt. Dazu müssen Sie auf einen Teil Ihrer Möglichkeiten verzichten, ohne – idealerweise – dabei den Kontakt zu Ihrem Urpotential, zu Ihrem inneren Reichtum zu verlieren.

Ich begegne in der Beratung immer wieder Menschen, die Mühe haben, Möglichkeiten loszulassen. Sie machen mal dies, mal das, bleiben jedoch nie lange bei einem Thema, und oft kritisieren sie sich dafür, dass sie im Leben nichts erreicht haben. Das Verharren im Potentiellen erschwert dabei das Leben im

Realen. Es ist hilfreich, diese Menschen noch mehr mit ihrem Urpotential zu verbinden und ihnen so das Vertrauen zu geben, dass sich dieser – innere – Reichtum nicht auflösen wird, wenn sie sich in der äußeren Welt beschränken.[13]

Manche Menschen haben das umgekehrte Problem. Sie haben die Erinnerung an das große Potential, das in ihnen steckt, verloren. Sie haben sich etwas aufgebaut, und dieses Etwas ist zu dem geworden, was sie zu sein glauben. Vielleicht braucht es an diesem Punkt einen Schock, um die Strukturen so zu erschüttern, dass das Potential aus dem Hintergrund wieder zu strahlen beginnt. Manchmal kann ein Schicksalsschlag, beispielsweise eine unerwartete Kündigung, tatsächlich ein Segen sein und das Leben wieder in Bewegung bringen.

Der Ofen

Eines der wichtigsten Utensilien der Alchemisten war der Ofen. Darin wurden die Substanzen meist in hermetisch verschlossenen Gefäßen lange bei gleichbleibenden Temperaturen behandelt. Eine große Herausforderung, zumal es mit den damaligen Möglichkeiten recht schwierig war, Temperaturen über lange Zeit konstant zu halten. Außerdem war es dem Adepten nicht gleichgültig, woher die Wärme kam. Die Hitze des Feuers hatte eine andere Wirkung auf den Stoff als zum Beispiel die kontinuierliche Wärme, die sich in einem Misthaufen entwickelt. Auf Körperwärme reagierte die Materie anders als auf die Sommersonne.

Bei den Alchemisten war die Vorstellung weit verbreitet, dass es so etwas wie „Goldkeime“ oder „Goldsperma“ gibt, das in den Schoß weniger edler Metalle eingebracht werden kann oder dort schon von Natur aus vorhanden ist. Vielleicht könnte Gold sozusagen ausgebrütet werden. Der Ofen war also etwas Ähnliches wie ein Ei oder wie ein Uterus, in dem das Neue heranreifen konnte.

Auch wir haben den „Ofen“ bestückt mit dem Material, das wir aus dem vorherigen Kapitel gewonnen haben. Jetzt kommt die Zeit der NIGREDO, die Zeit des Brütens. Die Alchemistin rät Ihnen, gut darauf zu achten, die richtige Wärme zu halten. Ist die Hitze zu groß, zerstören Sie laufend die Keime des Neuen, ist sie zu schwach, kommt kein Prozess in Gang.

Nimm Platz!

Im Innehalten und stillen Wahrnehmen dessen, was ist, können wir in einen Zustand kommen, in dem wir mehr Klarheit über unsere Muster und Impulse erhalten. Dieses Leerwerden kann auch als Sterben beschrieben werden. Deshimaro, ein Zen-Meister, der lange in Frankreich gewirkt hat, spricht im Zusammenhang mit der Meditation vom „Herabsteigen in ein Grab". Ein Bild, das auch von einem alten Alchemisten stammen könnte.

Bild 9

Sonne und Mond (Sol und Luna) als König und Königin im Zustand der Schwärzung oder auch der „mortificatio". Sie werden nach ihrer Verlobung begraben und warten darauf, durch den Geist des Lebens wieder beseelt zu werden.

Sitzen

Eine der besten Kurzbeschreibungen von Meditation habe ich bei Achaan Chah gefunden: „Take your seat", sagt er und meint damit den Beginn der spirituellen Praxis: „Geh einfach in den Raum und stell einen Stuhl in die Mitte. Nimm diesen Sitz in der Mitte des Raumes ein, öffne die Türen und Fenster und sieh zu, wer dich besuchen kommt. Du wirst alle möglichen Szenen sehen, alle möglichen Schauspieler und Geschichten. Du hast nichts anderes zu tun, als einfach auf deinem Platz zu bleiben. Du wirst alles kommen und gehen sehen, und daraus werden Verständnis und Klarheit erwachsen."[14]

Gelingt es uns, die PRIMA MATERIA lange genug „zu kochen", wird sie uns ihre Geheimnisse offenbaren.

Bild 10

Der Körper wird im Kessel gekocht, bis der Geist, die weiße Taube, aus ihm aufsteigt.

Auch in der westlichen Alchemie war Meditation ein wichtiger Bestandteil der Arbeit. Dabei achteten die Adepten auf ihre Körperempfindungen und auf Visionen und Tagträume, die sie in den langen Stunden ihrer Arbeit in den meist dunklen Laboratorien empfingen.

Ungeduld und Schwere

Die Alchemisten hatten noch keinen naturwissenschaftlichen Zugang zur Materie. Ihre Erkenntnisse waren aus den Spekulationen der griechischen Naturphilosophen abgeleitet. Für sie gehörten alle Metalle zu einer einzigen Familie. Sie konnten ineinander übergeführt werden, wenn es möglich war, ihre Attribute zu verändern. „Gold" konnte jedes Metall sein, das in etwa das richtige Gewicht, die richtige Farbe und den richtigen Glanz besaß. Das war sicher auch einer der Gründe, warum sich der Traum der „Goldmacherei" über so viele Jahrhunderte halten konnte. Es ist den Adepten tatsächlich gelungen, mit den ihnen zur Verfügung stehenden Mitteln goldähnliche Metallverbindungen herzustellen. Leider verloren diese meist nach einigen Stunden ihren Glanz, das „Gold" oxidierte und fiel zurück in einen dunklen Zustand.

Stellen Sie sich einmal vor, Sie wüssten nichts über die moderne Chemie und wären auf der Suche nach einer Möglichkeit, Gold herzustellen. Vielleicht würden Sie mit Blei experimentieren. Schließlich ist es ein Metall, fast so schwer und weich wie Gold. Was fehlt, ist die gelbe Farbe und der Glanz: In der Welt der alten Alchemisten fehlte dem Blei die Qualität der Sonne. Wenn es möglich wäre, diese auf Blei zu übertragen, würde dabei vielleicht Gold entstehen.

Dass nichts passiert, wenn ein Bleiklumpen einfach in die Sonne gelegt wird, war auch den alten Alchemisten klar. Im Schoß der Erde würde das Bleierz vielleicht langsam zu Gold reifen, falls darin Goldkeime schlummerten. Das dauert allerdings eine Ewigkeit – und so versuchten sie in der alchemistischen Werkstatt, die langsamen Prozesse der Natur zu beschleunigen. Mit den Augen eines Naturwissenschaftler betrachtet, ist das natürlich unsinnig. Es zeigt sich hier erneut, dass die Ideen der Alchemisten eher auf lebendige Prozesse denn auf tote Materie anwendbar sind. Das Wachstum von Pflanzen hängt vom Umfeld ab, und auch menschliche Entwicklungsprozesse lassen sich vorantreiben, wenn Bewusstsein als zusätzliches Element hinzukommt.

Zurück zum Labor: Wie wäre es, wenn die Sonnenqualität über eine Legierung zustande käme? Welches Material steht für das Feuer, die Sonne? Schwefel natürlich. Es ist gelb, es brennt leicht, und wenn die Erde Feuer speit, ist der Schwefel auch immer im Spiel. Wir haben mit Blei und Schwefel tatsächlich zwei Stoffe, die Alchemisten manchmal als Ausgangsmaterial ihrer Versuche genommen haben.

Wofür stehen diese zwei Qualitäten in der Welt der Allegorien? Begegnen sie uns auch in der Lebens- und Berufsnavigation? Blei steht für die Schwere. Wir sprechen zum Beispiel von bleierner Müdigkeit. Schwefel (Sulfur) steht für die Sonne, aber auch für das flackernde, verzehrende Feuer: für die Ungeduld.

Diese beiden Elemente sind bei vielen Menschen zu finden, die mir in der Lebens- und Berufsnavigation begegnet sind. Die Schwere allein würde jemanden vielleicht eher zu einem Arzt führen: „Herr Doktor, seit einiger Zeit leide ich an einer unerklärlichen Müdigkeit. Vielleicht bin ich krank. Bitte untersuchen Sie mich doch einmal gründlich.“ Ungeduld allein forciert uns zu unreflektierten Aktionen. Da fehlt die Geduld, auf einen Beratungstermin zu warten.

Ungeduld und Schwere zusammen ergeben jedoch ein gefährliches Gemisch. Im Labor der Alchemistin entstehen beim Versuch, die beiden Elemente zu verbinden, giftige Dämpfe, „die die Sonne verdunkeln“.[15]

Die Verzweiflung

Wenn sich Ungeduld und Schwere mischen, entsteht Verzweiflung.

Die Alchemistin ist zufrieden mit dem, was sie sieht. Sie weiß, dass sich der Stoff im ersten Schritt in eine stumpfe, schwarze, amorphe Masse verwandeln muss: die PRIMA MATERIA. Die Adeptin ist auch mitten in der Verzweiflung voller Zuversicht, dass sie auf dem richtigen Weg ist …

Natürlich ist die Verzweiflung kein Endzustand. Im schlechtesten Fall wird sie zu einer chronischen Spannung, der wir die ursprüngliche Energie nicht mehr anmerken. Daher ist der Rat der Alchemistin: Geh in den Zustand hinein. Schrei die Verzweiflung heraus. Sing sie dir vom Leib. Tanz sie dir aus den Gliedern: Drück sie aus!

Der Verzweiflung zum Ausdruck verhelfen

Eine Kursteilnehmerin hatte gute Ideen und schöne Pläne. Nur: Ihre Lebensrealität war meilenweit von dieser Welt entfernt. Wir bauten ihre „Traumwelt" im hinteren Teil einer Bühne auf. Dann gestalteten wir ihre Lebensrealität. Sie ging mehrmals zwischen diesen Welten hin und her. Sie konnte diese Schritte auf der Bühne machen, aber sie hatte keine gefühlsmäßige Verbindung dazu, keinerlei Vorstellung, wie diese Schritte in der äußeren Welt aussehen könnten. Und doch hatte ihre Vision eine Kraft, sie konnte ihre Träume nicht einfach loslassen. Wir suchten von allen Seiten nach Möglichkeiten. Nichts schien zu funktionieren.

Nach einer Weile stellte ich mich neben sie und versuchte zu spüren, was in ihr vorging. Ich nahm viel Energie war und ich bekam einen Kloß im Hals. Wohin bloß mit all der Kraft, all der Power, die da herauswollte?

Ich begann dieses Gefühl auszuagieren. Ich raufte mir die Haare, stampfte auf den Boden und schimpfte über die Ungerechtigkeit der Welt. Dabei beobachtete ich sie aufmerksam und war gespannt, wie sie darauf reagieren würde.[16] Sie strahlte mich an, und ich forderte sie auf, mitzumachen. So schimpften und wüteten wir eine Weile gemeinsam. Die Gruppenmitglieder begannen uns anzufeuern und stimmten wie ein antiker Chor in unser Lamento ein. Die Frau begann jetzt wütende und trotzige Schritte auf ihre Traumwelt zu zu machen. Das Feuer hatte einen Ausdruck gefunden. Unmittelbar nach dem Kurs hat sie dann begonnen, ihre alte Welt auszumisten und ihre Ideen, die sie schon so lange mit sich herumtrug, zu verwirklichen. Die Energie reichte, um sich gegen viele innere und äußere Widerstände zu behaupten. Die Gruppe und das Herauslassen der Verzweiflung haben ihr offenbar die nötige Power dazu gegeben.

Nicht alle Menschen reagieren so expressiv. Neben dem Tanzen und Schreien gibt es auch introvertierte Arten des Ausdrucks. Eine schöne Methode ist es, unseren Lebenslauf zu malen.

Bild 11
Gemalter
Lebenslauf

Bild 12
Gemalter Lebenslauf

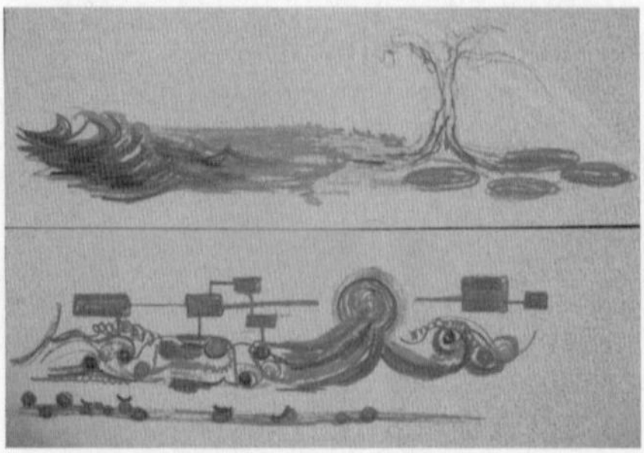

Bild 13
Gemalter Lebenslauf

Wer gern in der Wildnis arbeitet, kann für die Gestaltung von Lebensläufen die Materialien nutzen, die uns die Natur zur Verfügung stellt, und Skulpturen aus Steinen, Ästen, Sand usw. fertigen.

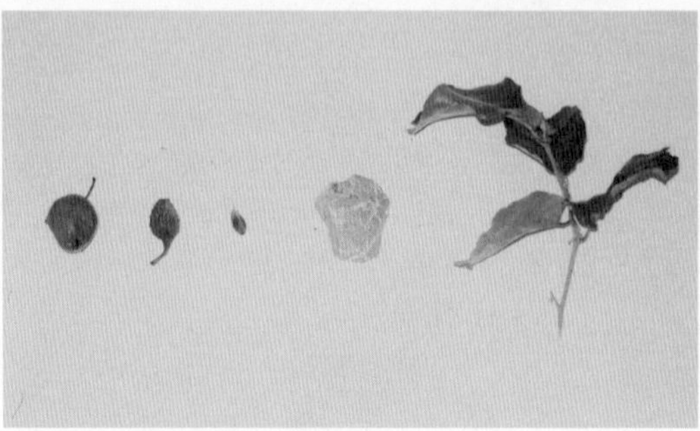

Bild 14
Lebenslauf – im Freien aus Fundgegenständen gestaltet

Die Gegensätze im Dialog

Ein Problem der PRIMA MATERIA ist, dass sich die Gegensätze noch nicht herauskristallisiert haben. Die große Konfusion ist wie ein schwarzes Loch, das alle Gedanken verschluckt.

Im Wort Verzweiflung ist der Zweifel enthalten, und im Zweifel die Zwei. Aus Gegensatzpaaren kann eine fruchtbare Dynamik entstehen. Das geschieht aber erst dann, wenn die verschiedenen Pole herausgearbeitet wurden. Die Alchemisten wussten, dass diese Dynamik der trägen Materie abgerungen werden musste.

Bild 15

Die PRIMA MATERIA als grüner Drache. Dieser wird von einem Gegensatzpaar, einem dunklen und einem hellen Menschen, festgehalten. Erst jetzt, in der Polarisation, wird es möglich, der Materie ihre Geheimnisse zu entlocken.

Eine Methode, um zu einer Polarisierung zu kommen, ist der Dialog. Innere Zwiegespräche waren schon den alten Alchemisten wohl bekannt: So definiert das *Lexicon Alchemiae* aus dem Jahre 1612 „meditatio" folgendermaßen: „Das Wort ‚meditatio' wird gebraucht, wenn man mit irgendeinem, der aber unsichtbar ist, ein inneres Zwiegespräch hat."

Um die Disziplin zu entwickeln, innere Dialoge auch wirklich zu Ende zu denken, kann es sinnvoll sein, diese im Rollentausch auszuspielen.

Dialog mit dem Lebenslauf

Der Klient heftet das Bild seines Lebenslaufs vor sich an die Wand, stellt sich davor, betrachtet es lange und beginnt dann zu sprechen:
– Wenn ich dich so anschaue, fallen mir so viele Punkte und Erinnerungen ein, die immer noch schwer lasten. Warum hast du es mir nicht einfacher gemacht?

Hat der Klient seine Seite dargelegt, bitte ich ihn, nun mit seinem Lebenslauf die Rollen zu tauschen. Er stellt sich mit dem Rücken zum Bild, und ich stelle eine Stuhl dorthin, wo er eben gestanden hat. Jetzt richtet er in der Rolle seines Lebenslaufs einige Sätze an sich:
– Ja, es war oft hart und das tut mir leid. Aber schau doch mal. Es ist auch so viel Farbe und Kraft da! Wir haben es immer wieder geschafft und du bist dabei auch gewachsen.

Rollentausch: Der Klient kehrt zum Stuhl zurück. Ich übernehme seine Rolle und wiederhole, was er als Lebenslauf gesagt hat.
– Ja, du hast Recht, und wenn ich genau hinschaue, sehe ich das auch. Aber ich habe Angst, was die Zukunft anbelangt. Wie soll ich das nur schaffen?

Rollentausch: Wieder in der Rolle als Lebenslauf, antwortet er:
– Nimm einfach einmal all die schwierigen Passagen an, durch die du schon gegangen bist, und schau, wie es immer wieder bunt und fröhlich geworden ist. Wir werden es auch diesmal schaffen.

Zuhören

Solche Zwiegespräche kommen zustande, wenn wir bereit sind zuzuhören. Im Rollentausch werden wir oft überrascht von dem, was wir über uns selbst aus einer anderen Perspektive sagen. Im Idealfall entsteht eine Art Versöhnung mit dem bisherigen Leben, oder eine Synthese aus verschiedenen Blickwinkeln. Wenn es uns gelingt, ohne Groll zurückzuschauen, wird unser Blick frei für die Zukunft. Das geschieht, wenn der Zeitpunkt stimmt. Es erfordert oft sehr viel Mut und Ehrlichkeit. Manchmal ist es auch wichtig, erst einmal die ganze Bitterkeit zuzulassen. Das Leben kann grausam mit uns sein, und wir waren vielleicht bisher zu tapfer und nahmen unser Schicksal geduldig an. Der Seite Gehör zu geben, die gelitten hat und wütend ist, kann viel Energie freisetzen. Aber wir können uns bei Rollenspielen auch kontrollieren und die innere Stimmen ignorieren. Wir bestimmen selbst, wann und ob wir uns damit auseinandersetzen möchten.

Märchen in der Berufsnavigation

Märchen bieten uns – ähnlich wie die Alchemie – eine Vielzahl von Bildern und Erfahrungen im Umgang mit dem Leben. Viele Märchen machen uns darauf aufmerksam, dass es sich lohnt, mit der inneren und äußeren Welt im Dialog zu sein.

Das Märchen von Frau Holle

Goldmarie lebt mit ihrer Stiefmutter und deren Tochter Pechmarie zusammen. Die Stiefmutter behandelt die eigene Tochter viel besser, und Goldmarie hat es nicht leicht mit den beiden. Eines Tages fällt ihr eine Spindel in den Brunnen und aus Angst vor Strafe springt sie hinterher. Sie kommt jetzt in eine sonderbare Welt, in der die Dinge sprechen. Brote im Backofen (nimm uns raus, sonst verbrennen wir), Äpfel am Baum (pflück uns, wir sind reif) und Kühe auf der Weide (melk uns, unsere Euter drücken) wenden sich an Goldmarie, und sie macht die von ihr verlangten Dinge. Später kommt sie zum Hof von Frau Holle, wird von dieser im Haushalt beschäftigt und nach einiger Zeit aufgefordert, wieder nach Hause zu gehen. Durch ein Tor, das sie mit Gold überschüttet, kommt sie in die Oberwelt zurück.

Die Geschichte beginnt mit dem Sprung in den dunklen Brunnen. Goldmarie gibt sich auf und kommt in eine Welt, in der andere Gesetze herrschen. Sie wird bei Frau Holle auch zur „Wettermacherin". Wenn sie die Bettdecken ausschüttelt, schneit es auf der Erde. Es scheint also, als wäre sie durch den Sprung in den Brunnen nicht in einer reinen Unterwelt gelandet, sondern genauso in einer himmlischen Region. Dort sprechen verschiedene Dinge zu ihr. Ich bin sicher, dass sich Goldmarie erst einmal umgedreht hat, nachdem sie von den Broten angesprochen wurde, ob sich nicht vielleicht noch jemand in der Nähe befindet, der diese in den Ofen gepackt hat. Als sie niemanden sieht, übernimmt sie die Arbeit, obwohl sie keinen Hunger hat (sie isst die Brote nicht und nimmt sie auch nicht mit). Ihre Fähigkeit, zuzupacken und diese Arbeit zu tun, fällt mit dem Umstand zusammen, dass hier und jetzt jemand gebraucht wird.

Gold – und damit sind wir wieder beim Thema – steht im Märchen oft für Glück. Ich lese diese Geschichte so, dass sich das Hören auf das, was sich (in der inneren und äußeren Welt) an uns richtet, eine Möglichkeit darstellt, zu einer Tätigkeit zu kommen, die uns sinnvoll erscheint. Und psychologische Untersuchungen zeigen, dass Menschen, die das Gefühl haben, etwas

Sinnvolles zu tun, glücklicher sind als solche, die ihre Arbeit als sinnentleert erleben.

Märchen sind extrem verdichtete Geschichten, und so ist keine einzelne Begebenheit darin rein zufällig. Alles, was passiert, ist ein Bestandteil der Handlung und ergibt daher im Rahmen der Geschichte einen Sinn. Es gibt Märchen, bei denen die Hauptfigur von Beginn an weiß – und auch unbekümmert verkündet –, was sie erreichen will, obwohl sie dabei von allen ausgelacht wird. Diese Heldengeschichten stimmen uns zuversichtlich, wenn wir auf dem Weg sind, eigene Pläne zu verwirklichen. In anderen äußert sich der Wille vor allem in Habgier. Das Ziel wird dabei oft – kaum erreicht – schon wieder verloren. Diese Märchen machen uns darauf aufmerksam, dass es sich lohnt, eigene Ziele mit etwas zu verbinden, was auch anderen zugute kommt, was über uns hinausweist. Wieder anderen Helden und Heldinnen wird eine Prophezeiung zuteil. Sie lehnen sich entweder selbst dagegen auf oder mächtige Widersacher versuchen erfolglos, die Prophezeiung zu verhindern. Meist arbeiten sie genau dadurch dem Schicksal in die Hände. Diese Märchen helfen uns eine Form von Gelassenheit zu entwickeln: Wir werden unseren Weg finden, ganz egal, welche Kräfte sich dagegen stemmen. Märchen können auch ein Tor sein, durch das wir in die Welt der Metaphern gelangen. Aus dem eigenen biographischen Material ein Märchen zu schreiben bringt die persönliche Geschichte in eine ganz neue Dimension.

Gehen Sie noch einmal die einzelnen Phasen Ihres Lebens in Gedanken durch. Beachten Sie dabei auch so selbstverständliche Informationen wie die kulturelle, politische und wirtschaftliche Situation, in die Sie hineingeboren wurden. Wer waren und was taten Ihre Eltern? (In der Sprache des Märchens: Warst du eine Königstochter oder der Sohn eines armen Köhlers?)

- Was bedeutet Ihr Familienname? Wie klingt Ihr Vorname?[17]
- Welches sind die größten Erfolge, die Sie feiern konnten?
- Was sind die größten „Fehler“, die Sie gemacht haben?
- Welche Missgeschicke sind Ihnen passiert, welche Schicksalsschläge sind Ihnen zugestoßen?

- Welche Neigungen und Eigenschaften zeichnen Sie besonders aus?
- Welche Neigungen und Eigenschaften bringen Sie immer wieder in Schwierigkeiten ?
- Begleiten Sie in Ihrem Leben bestimmte Ideen oder Gefühle (können in Märchen auch als Begleittiere auftauchen), eine chronische körperliche oder psychische Beeinträchtigung?

Aus all diesem Material können Sie jetzt versuchen, ein Märchen zu schreiben. Lassen Sie dabei Ihrer Phantasie freien Lauf: Es war einmal …

Das Märchen vom kleinen Dimitri

Das folgende Märchen hat ein 55 Jahre alter Arbeiter aus dem Balkan geschrieben, der kurz vor der Teilnahme an einem meiner Kurse seine Kündigung erhalten hatte. Er war in den ersten Tagen dementsprechend deprimiert, wirkte aber, nachdem wir sein Märchen auch als kleines Theaterstück auf einer improvisierten Bühne inszeniert hatten, sehr viel gelassener. Er brachte zu unseren nächsten gemeinsamen Mittagessen jeweils Käse und Wein aus seiner Heimat mit und begann Pläne zu schmieden, wie er eine Rückkehr finanzieren könnte.

Hier die Geschichte von Dimitri. Er ist als Junge eines armen Bauern auf die Welt gekommen. Seine Kindheit war hart und mühsam. Der Acker seiner Eltern war voller Steine, und sein Vater war sehr, sehr streng. Eigentlich wäre Dimitris Leben unerträglich gewesen, wenn er nicht zwei Dinge gehabt hätte, an denen er eine große Freude hatte: Das erste war ein kleines Boot, mit dem er, sobald er sich einmal von der Arbeit wegschleichen konnte, weit auf den See hinausruderte. Das zweite war eine Kuh im Stall seiner Eltern. Diese schenkte ihm nicht nur manchmal ein extra Glas Milch, sie spendete auch Trost und Wärme. Eines Tages, als er wieder einmal von seinem Vater geschlagen worden war und bei seiner Lieblingskuh Zuflucht gesucht hatte, tröstete sie ihn mit folgenden Worten: „Du musst nicht weinen, Junge. Meine Milch wird dich sehr, sehr stark machen, und eines Tages wirst du in einem sportlichen Wettkampf alle Welt überraschen, und sogar der König unseres Landes wird stolz auf dich sein.“ Der Junge war sich nicht sicher, ob es am Rudern lag oder an der Milch der Kuh. Auf jeden Fall bekam er tatsächlich von Tag zu Tag kräftigere Arme, und nach einigen Jahren schoss er mit seinem Ruderboot so schnell über das Wasser wie ein Eisvogel auf der Jagd nach Fischen. Eines Tages war eine Aufregung im Land. Am Rand des Sees wurde eine große Tribüne aufgestellt, und es wurde verkündet, dass es ein Wettrudern geben werde, bei dem sich Jungen aus aller Herren Länder messen könnten. Auch der kleine Dimitri nahm am Rennen teil. Er lag von Anfang an an der Spitze, aber je länger das Rennen dauerte, um so mehr spürte er, wie seine Kräfte nachließen. Plötzlich sah er, dass seine Lieblingskuh auf dem nahen Hügel stand und ihm zuschaute. Das freute ihn so sehr, das er wieder neue Kräfte schöpfte. Auf den letzten Metern lag er immer noch eine ganze Bootslänge vor dem zweitschnellsten Ruderer. Der König überreichte ihm bei der Siegerehrung die Goldmedaille und war stolz, dass er sie einem Jungen aus seinem Land anstecken durfte. Der kleine Dimitri war sehr, sehr glücklich, und dieses Erlebnis hat ihm immer dann geholfen, wenn sein Leben wieder einmal besonders schwer geworden war.

ALBEDO –
Die Imagination erwacht

Jener Diener aller Diener, die Imagination,
trägt das unentdeckte Universum zusammen,
wie Juwelen in einer Jaspisschale.

John Davidson [18]

Der Silber- oder Mondzustand, den die Alchemisten meinen, wenn sie von ALBEDO, „der Weißung“, sprechen, ist die Rückkehr der Hoffnung, der Mondschein, der in die dunkle Nacht einbricht, der Silberstreifen am Horizont, der Morgentau, der auf den Gräsern glitzert. In der Materie beginnt sich etwas Neues zu regen. Ahnungen tauchen auf, Traumbilder bekommen Farbe, die Seele atmet wieder. Wir sind im OPUS MAGNUM, im „Großen Werk“, an einem Wendepunkt angelangt.

Die Alchemistin erklärt Ihnen, dass es in dieser Phase des Prozesses vor allem um die Imagination geht. Sie ist ein Schlüssel zum Gelingen. Unter Imagination versteht die Alchemistin jedoch keine substanzlosen Schemen. Es geht nicht um „Schließ die Augen und stell dir etwas Schönes vor“-Übungen. Imagination ist ein konzentriertes Extrakt der lebendigen körperlichen wie auch seelischen Kräfte. Sie ist der Stern, der Sie leitet, die Kraft, die Sie öffnet, der „göttliche Funke“, der über Ihr „kleines Ich“ hinausweist. Im schon erwähnten *Lexicon Alchemiae* wird „imaginatio“ wie folgt definiert: „Die Imagination ist das Gestirn im Menschen, der himmlische oder überhimmlische Leib.“

Dieser Zustand der „Weißung“ hat eine ganz eigene Faszination. Von vielen Alchemisten wurde die TINCTURA ALBA, die Essenz dieser Phase, so hoch gelobt, als ob sie schon das Ziel selbst sei. Ohne sie findet keine Verwandlung statt, geschieht nichts Neues.

Bevor wir hier jedoch weiter schwärmen, macht Sie die Alchemistin auf die Gefahren dieses Zustandes aufmerksam: Einen göttlichen Funken in sich zu tragen heißt, enthusiastisch zu sein (en-theo-ism = von Gott erfüllt sein). Mit dieser wunderbaren Kraft sollten wir vorsichtig umgehen. Plötzlich halten WIR uns für genial, wir vergessen, das eine unpersönliche Kraft in uns wirkt, die allen gehört. Das kann zu ziemlich egozentrischen Erfahrungen führen. Größenwahn und Realitätsverlust sind jedoch keine besonders hilfreichen Zustände, um das Leben in Ordnung zu bringen und gute Freunde zu gewinnen.

Auch hier geht es um die richtige Dosis. Wir brauchen die TINCTURA ALBA, damit die Berufs- und Lebensnavigation gelingt. Wir dürfen uns in Brainstormings austoben und uns vorstellen, was wir tun würden, wenn wir größenwahnsinnig geworden wären. Diese Phantasien sind jedoch noch nicht das Endprodukt. Es sind weitere Schritte nötig, um die Arbeit zum Abschluss zu bringen.

Die Juwelen zusammentragen

Der Morgentau, der in der Sonne glitzert, hat die Menschen schon immer fasziniert. Auch in der Alchemie gibt es Rezepturen für die TINCTURA ALBA, in denen er eine Rolle spielt. Da war die Nacht mit ihrer Finsternis, der Pein, der Angst, und der Abwesenheit von Vorstellungskraft. Jetzt bricht der Morgen an. Die Dunkelheit lichtet sich und die Welt ist erfüllt von diesem funkelnden Stoff. Am Abend war die Erde noch trocken. Der Tau ist ein Kind der Nacht. Es scheint fast überirdisch: Die Sterne könnten ihn abgesondert haben, den er taucht genau dort auf, wo die Erde und der Himmel sich frei begegnen konnten. In bewölkten Nächten und im Schatten von Felsen oder Bäumen fällt er nicht.

Bild 16
Der Morgentau wird eingesammelt.

In der Berufs- und Lebensnavigation sind wir jetzt an einem Punkt, wo wir anfangen, diese funkelnden Juwelen zusammenzutragen. Wir konzentrieren uns auf die Phasen im Leben, in denen wir besonders glücklich waren. Wir erinnern uns an Augenblicke, in denen wir dieses unerklärliche Kribbeln der Freude gespürt haben. Wir sammeln Impulse, Bilder und Phantasien, denen die Faszination und die Begeisterung der Zukunft innewohnen. Ähnlich wie der glitzernde Morgentau Ihre Aufmerksamkeit fesselt, merken Sie, das Sie gewisse Themen und Bilder, gewisse Menschen, Gespräche oder Gegenstände anziehen. Sie haben keine Ahnung, warum das so ist, und es ist jetzt auch nicht die Zeit, um darüber nachzudenken. Denken führt

Sie nur wieder zu Bekanntem zurück. Es ist das Neue, das Unbekannte und das Kribbelnde, dem Sie jetzt ein paar Schritte entgegengehen. Eine Tür hat sich geöffnet, und Sie sind im Begriff, in eine neue faszinierende Welt einzutreten.

Diese Juwelen sind das Ausgangsmaterial Ihrer TINCTURA ALBA. Richtig zubereitet, wird diese Sie verjüngen und Ihr Leben verwandeln.

Kindheitserinnerungen

Ein Teil der TINCTURA ALBA sammeln wir in den Erinnerungen an unsere Kindheit. Völlig gleichgültig, wie schmerzlich oder unbefriedigend sie auch gewesen sein mag. In jedem Leben gibt es „Goldene Nüsse", in denen sich magische Geschenke verbergen.

Versuchen Sie sich daran zu erinnern, was Sie als Kind besonders gern gemacht haben. Versetzen Sie sich zurück in Augenblicke, in denen Sie ganz versunken waren, gefesselt von Dingen und Ereignissen, die das Leben großartig und verheißungsvoll machten.

Kinderberufswunsch

Ein junger, eher sanfter Kursteilnehmer, nennen wir ihn Peter, erinnert sich, dass er als Kind Kampfpilot werden wollte. Wir machen ein Rollenspiel, in das wir mit folgender Annahme einsteigen: Er spielt nicht sich, sondern einen Kampfpiloten. Diese Figur erfindet er jetzt, während ich ihn interviewe. Er darf dabei seiner Phantasie freien Lauf lassen. Nur das Alter ist festgelegt. Er und der Kampfpilot sind gleich alt. Als Erstes frage ich ihn nach seinem Namen. Der Kampfpilot heißt Rolf.

Im Interview erzählt er davon, wie er Kampfpilot geworden ist, was ihm auf dem Weg dahin Spaß gemacht hat und auch was herausfordernd und schwierig war. Er berichtet von der Faszination, die von der unendlich machtvollen Maschine ausgeht, und von den Glücksmomenten, an einem frühen Morgen darin über die Alpen zu donnern. Er erzählt von der täglichen Routine, aber auch von der Kameradschaft und von gefährlichen Augenblicken. Er hält Rückschau und stellt fest, dass sich die Schwerpunkte in seiner Arbeit in den letzten Jahren verändert haben, und er schaut nach vorn und berichtet über die Möglichkeiten, die in Zukunft in seinem Leben stecken.

Während dieses Interviews werden seine Stimme, seine Gestik und seine Haltung immer kraftvoller. Langsam akzeptiert sein Körper die ungewohnte Vorstellung, ein Kampfpilot zu sein. In dem Moment, wo er ganz in der Rolle aufgeht, stelle ich einen leeren Stuhl vor ihn. Ich fordere ihn auf, sich vorzustellen, dass Peter auf diesem Stuhl sitzt und dass er – der Kampfpilot – sehr genau hinschauen soll. Peter sei ein guter alter Freund von ihm, der an einem Punkt sei, an dem er sich intensiv mit seinem Leben und der Frage, wo sein Platz in der Welt sein könnte, auseinandersetze. Ich sage ihm, dass er als Rolf ein Gefühl dafür habe, wo Peter stehe, und dass er ihm sicher einen Hinweis zu geben vermag, wie Peter mit seiner Situation umgehen könnte. Rolf überlegt einen Moment, dann sagt er deutlich und mit voller Stimme: „Peter, gib Schub. Deine Lebenssituation braucht jetzt klare Entscheidungen und energische Schritte. Hab den Mut dazu, die Belohnung wird ein wunderbares Gefühl von Freiheit sein."

Jetzt lass ich ihn die Rolle tauschen. Er setzt sich auf den Stuhl, auf dem er sich zuvor Peter vorgestellt hat, und schlüpft dadurch zurück in seine alltägliche Rolle. Daraufhin schlüpfe ich in die Rolle von Rolf. Ich setze mich auf den Stuhl, lasse mir kurz Zeit, in die Rolle hineinzufinden, und wiederhole in Worten und Tonfall, was Peter vorher in der Rolle von Rolf gesagt hat. Dabei schauen wir uns in die Augen. Man spürt dabei, dass in solchen Momenten nicht nur Informationen, sondern auch eine Art Energie fließt. Wenn sie ankommt, kann sie einen wichtigen Impuls für den anstehenden Veränderungsprozess liefern.

Die Hitze schüren

Kreativ zu sein stellen wir uns normalerweise als etwas Lustiges – vielleicht sogar Oberflächliches vor. Wir fördern es mit spielerischen Techniken, Brainstormings und Ähnlichem. Die Alchemisten wussten jedoch, dass etwas Neues hervorzubringen kein Honiglecken ist: Wir müssen uns auf chaotische Momente und Geburtswehen gefasst machen. Wir öffnen unsere Vorstellungswelt für das Irrationale, und vielleicht erfassen wir den Zipfel einer Wirklichkeit, die von den Alchemisten als „extra naturam" bezeichnet wird. Eine Inspiration von außerhalb der (uns bekannten) Natur.

Um das Feuer zu schüren und eine höhere „Temperatur" oder „Spannung" zu erzeugen, arbeite ich manchmal auch bewusst mit negativen Gefühlen. Häufig „projizieren" wir unsere besten Fähigkeiten, die wir nicht leben, auf andere Menschen. Neid zum Beispiel kann ein irrationales Gefühl sein, das uns auf nicht gelebte Seiten aufmerksam macht.

Meist fällt es Kursteilnehmern nicht leicht, sich einzugestehen, dass sie so „niedrige" Gefühle wie Neid überhaupt kennen. Wenn sie dann aber sehen, wie eine Übung hierzu einem anderen Menschen einen Schritt weiterhilft, erinnern sie sich plötzlich fast alle an den einen oder anderen Moment, wo sie vor Neid grün hätten werden können!

Den Neid nutzen

Ein Seminarteilnehmer, der sich vor einiger Zeit ohne großen Erfolg als Entwickler und Installateur von Solaranlagen selbständig gemacht hatte, erzählte von einem Plastiker, auf den er neidisch war. Der Neid entzündete sich an dessen Möglichkeit, künstlerisch zu arbeiten, und vor allem auch an dessen Fähigkeit, souverän aufzutreten und Eigenes klar zu vertreten. Als Szene, in der diese Fähigkeit besonders gut zum Vorschein kam, wählte er eine Vernissage des Künstlers.

Ich ließ ihn die Rolle dieser Person, die den Neid auslöste, spielen. Als etablierter Bonvivant genoss er es, im Mittelpunkt zu stehen, und vertrat seine Arbeiten mit überzeugender Eloquenz. – Ein Gruppenmitglied riet ihm später, seine Solaranlagen als Kunstwerke zu gestalten, was ihn spontan zu einer packenden Präsentation eines Photovoltaik-Kirchturms inspirierte.

Sternstunden

Um das „Gestirn im Menschen“ zu aktivieren, hat sich die Beschäftigung mit Gipfelerlebnissen bewährt.

Gipfelerlebnisse sind Augenblicke, die sich nur schwer definieren lassen. Es sind die Momente im Leben, in denen einfach alles stimmt, in denen wir wunschlos glücklich sind. Manchmal werden wir aus einer schwierigen Situation, aus Krankheit oder Gefahr direkt in diesen kraftvollen Zustand geschleudert; Bergsteiger kennen solche Momente im wahrsten Sinn des Wortes als Gipfelerlebnis: Nach mühevollem Aufstieg auf der Spitze eines

Berges stehend, weitet sich der Blick und die Atmung. Manchmal kommen Gipfelerlebnisse auch ganz still und ohne äußeren Anlass in unser Leben: Wir sitzen zum Beispiel im Zug und plötzlich berührt uns eine Stimmung und lässt uns für eine Zeit in diesen Zustand von Wunschlosigkeit und Glück versinken. Oft sind die Erinnerungen an Gipfelerlebnisse mit der verliebten Phase einer Freundschaft verbunden, einem besonders eindrücklichen Erlebnis in der Gemeinschaft mit Freunden oder auch einer intimen Erfahrung in und mit der Natur.

Diese Momente enthalten Informationen darüber, wer wir wirklich sind. Ich stelle mir das etwas so vor:

Bild 17
Gipfelerlebnisse und Lebenslinie

Der Kreisradius ist unsere Lebenslinie von der Geburt bis zum Tod. Die Linie darunter die wirklich gelebte. Kleine Kinder sind oft noch sehr nah an dem dran, was ihr Wesen ausmacht. Spätestens in der Pubertät beginnt eine neue Phase. Wir vergessen Teile unserer „Bestimmung“ und tauchen ein in ein äußeres Funktionieren. Wir „tunneln“ sozusagen unter den Möglichkeiten unserer Bestimmung hindurch. Oft leben ältere Leute wieder mehr bei ihren Träumen – manchmal kommen sie ihnen auch erst auf dem Sterbebett wieder näher.[19]

Gipfelerlebnisse sind die kurzen Momente in unserem Erwachsenenleben, die den Bogen unserer Bestimmung berühren. Sich an Gipfelerlebnisse aktiv zu erinnern, nochmals in die

Gefühle einzutauchen, die damit verbunden waren, und diese dann in einer künstlerischen Form zum Ausdruck zu bringen: als Bild, als Gedicht oder noch besser – ganz körperlich – als Geste, Bewegung oder Tanz, ist eine wunderbare Form, mehr über das Lebensgefühl herauszufinden, das hinter unseren tiefsten Träumen und Wünschen steckt.

Das Postkarten-Orakel

In einem früheren Kapitel haben wir über Initiationsrituale gesprochen. Der Vision-Quest, die Methode, mit einer Frage in die Wildnis zu gehen, die Geister der Natur und die eigenen Ahnen um Unterstützung zu bitten und sich für eine Antwort zu öffnen, die hier in unbekannter und oft überraschender Weise auftaucht – das ist auch heute noch ein gangbarer Weg zum Thema Berufung und er wird vermehrt auch außerhalb von Stammeskulturen angeboten. Für Menschen, die durch unsere eher rationale Kultur geprägt sind, ist es sicher ziemlich ungewohnt, sich dieser Stimme zu öffnen. Eine einfache Übung, die ich in meinen Kursen anwende und die darauf vorbereitet, nenne ich „Postkarten-Orakel".

Sie stellen sich eine möglichst brennende Frage in Bezug auf das Thema, an dem Sie gerade arbeiten. Diese Frage schreiben Sie auf ein Blatt Papier. Diesen Zettel legen Sie dann auf die Seite. Auch innerlich sollten Sie die Frage beiseite legen. Entspannen Sie sich, strecken Sie sich und und gähnen Sie oder stehen Sie auf und gehen Sie einige Schritte, wenn Ihnen das dabei hilft. In einem leichten „Dämmerzustand" sind wir empfänglicher für das, was wir mit dieser Übung beabsichtigen. Die meisten Menschen können sich willentlich recht schnell in einen traumnahen assoziativen Zustand versetzen. Wir können uns vorstellen, ein Bierchen getrunken zu haben oder ganz einfach sehr müde zu sein.

In einer Ecke des Raumes liegt bereits eine ganze Sammlung von Postkarten. Sie nähern sich jetzt dieser Auslage, achten dabei aber auf nichts Bestimmtes. Eine dieser Karten wird Ihre Aufmerksamkeit auf sich ziehen. Es ist vielleicht nicht die Karte, die Sie gewählt hätten, wenn Sie planvoll vorgegangen wären, aber es ist ein Bild, das irgendetwas in Ihnen auslöst. Sie haben eher das Gefühl, dass die Karte zu Ihnen will, als dass Sie eine Wahl getroffen haben. Sie nehmen die Karte an sich, kehren auf Ihren Platz zurück und betrachten sie jetzt aufmerksam. Was genau hat Sie an diesem Bild angezogen? War es die Farbe oder die Form, die Sie vielleicht aus der Distanz gar nicht genau wahrgenommen haben?

Was immer es war, es ist genau das, was für Sie jetzt an dieser Karte wichtig ist. Sie versuchen, tiefer darin einzutauchen, sich einfach in das Bild hineinzuträumen. Vielleicht verändert sich dadurch das, was Sie wahrnehmen, oder ein neuer Aspekt tritt in den Vordergrund. Wir befinden uns ja immer noch in diesem traumähnlichen Zustand. Assoziationen und innere Bilder entstehen leicht und spielerisch. Sie können sich vorstellen, dass das Spezielle, was Sie an der Karte angezogen hat, sich in ein Wesen verwandelt. Sie beobachten, welches „Wesen" aus Ihrer Karte auftaucht, und Sie stellen sich einen Ort vor, an dem Sie dieses Wesen treffen könnten. Es wird Ihnen eine Botschaft übermitteln. Manche Botschaften werden Sie hören. Andere erschließen sich erst, wenn Sie das gesamte Verhalten oder das Aussehen des Wesens berücksichtigen.

Einer meiner Kursteilnehmer machte eine interessante Erfahrung mit dieser Übung: Seine Karte zeigte eine gemalte Steppenlandschaft. Beim „Hineinträumen" sah er darin plötzlich eine Giraffe im vollen Galopp. Sie rannte auf den Rand der Karte zu. Dort ging die braunrote Steppe in eine grüne Fläche über. Die Botschaft der Giraffe war wortlos, aber eindeutig: „Mach dich auf den Weg, es wartet eine grüne Wiese auf dich." Das war eine Antwort. Aber wie war gleich noch mal die Frage?

Damit kommen wir zurück zu dem Blatt Papier, auf das Sie am Beginn der Übung Ihre Frage notiert haben. Die gefundene Botschaft ist eine Antwort auf diese Frage. Wie ich zu dieser Annahme komme? Allein schon die zeitliche Nähe zwischen dem Niederschreiben der Frage und dem „Traum" mit dem Wesen in

Ihrer Karte legt das nahe. Wenn Sie tatsächlich die Frage gestellt haben, die in Ihnen brennt, ist es sehr wahrscheinlich, dass sich die Botschaft des Wesens auf diese Frage bezieht. Vielleicht auch auf eine Frage hinter Ihrer Frage … Hier können wir ein interessantes Phänomen beobachten: Oft können die Menschen keine Verbindung zwischen ihrer ursprünglichen Frage und der „Botschaft" der Karte herstellen. Wenn sie dann in der Gruppe ihre Erlebnisse schildern und ihre Frage vorlesen, löst sich der Knoten. Manchmal kommt das Aha-Erlebnis erst über das Erzählen in einer kleinen, aber wohlwollend zuhörenden Öffentlichkeit. Auch bei den traditionellen Vision-Quests wird der Sinn einer Vision oder eines Erlebnisses oft erst deutlich, wenn der Jugendliche seine Erfahrungen im Kreis von Stammesältesten erzählt.

Im Fall der Giraffe war die Frage: „Wie kann ich meine Träume verwirklichen?" Der Hintergrund des Kursteilnehmers sah so aus: Er war in ein Projekt in Ostdeutschland eingestiegen, einen Bauernhof. Das Ehepaar, das bereits dort lebte, war nicht bereit, ihm ausreichenden Gestaltungsraum für seine Ideen und Vorstellungen zu geben, und die Dreierkonstellation mit dem Eigentümerehepaar und ihm war problematisch. Langsam merkte er, dass es schwieriger war als gedacht, dort etwas Eigenes umzusetzen.

Projekte und Qualitäten

Die Destillation wurde von den Alchemisten als Verfeinerungsvorgang verstanden. Über die Destillation wollten die Alchemisten zum Essentiellen vordringen. Aus Destillationsprozessen gewonnene ätherische Pflanzenöle heißen auch heute noch Essenzen.

Auch in der Lebens- und Berufsnavigation nutzen wir die Destillation. Sie drängt sich vor allem dann auf, wenn Menschen so viele Ideen haben, dass sie sich vor lauter Möglichkeiten nicht entscheiden können, was der nächste Schritt sein wird.

Alle Dinge vor sich ausgebreitet zu haben kann in dieser Situation eine Hilfe sein. Sie erstellen also eine Liste all der „Projekte", die Sie in Ihrem Leben gern gemacht haben. Mit „Projekt" meine ich berufliche und private Dinge, die Sie machen wollten und dann auch zu Ende gebracht haben. Es muss Ihnen nicht alles an diesen Projekten gefallen haben. Es reicht, wenn Sie auch heute noch eine Anziehung spüren, wenn Sie daran zurückdenken. Die Begeisterung kann sich auch nur auf einen Teilaspekt des Projekts beziehen. Dieser erste Teil unserer Liste muss nicht vollständig sein. Jetzt fügen wir die „Projekte" hinzu, von denen Sie „nur" geträumt haben und vor allem diejenigen, von denen Sie immer noch träumen. Zum Spaß und um die Sache etwas zu würzen, können Sie auch noch diejenigen Projekte auflisten, die Sie eigentlich wahnsinnig gern machen würden, von denen Sie jedoch nicht einmal zu träumen wagen, vielleicht weil sie zu größenwahnsinnig klingen oder Ihnen lächerlich vorkommen.

Wir schauen uns nun die einzelnen Projekte an und fragen uns, was genau Sie daran angezogen hat. Wir versuchen die Essenz Ihrer Träume herauszudestillieren. Bei verschiedenen Menschen können sich hinter den gleichen Projekten ganz verschiedene Qualitäten verbergen. Die Projekte unseres Lebens verändern sich ständig. Die Qualitäten, die wir darin suchen, bleiben jedoch oft für ein ganzes Leben aktuell. Bei dieser Übung ist die Unterstützung durch eine erfahrene Beraterin sinnvoll. Sie wird Sie durch ihre Fragen und durch ihr Verständnis für Ihre Antworten schneller zu den wesentlichen Punkten führen.

Ich bin immer wieder überrascht, wie sich bei dieser Arbeit nach kurzer Zeit ein Gefühl für das ganz Spezifische, Einzigartige eines Menschen entwickelt. Natürlich finden wir in dieser Liste der Qualitäten nichts anderes als eine Sammlung von Wörtern, und einzelne dieser Wörter werden wir in der Liste anderer Menschen auch finden. Trotzdem entsteht in der Kombination für jede Person ein ganz eigenes Gefühl. Die einzelnen Wörter werden zu Teilen eines Gedichts. Das Wesentliche der Gesamtaussage liegt darin, dass die Wörter anfangen, sich gegenseitig zu durchdringen und zu beleben. Dabei ist es hilfreich, die einzelnen Qualitäten laut vorzulesen und dabei mit einem uns noch unbekannten Menschen in Verbindung zu bringen. Wir bekommen dadurch ein Gefühl für die inneren und äußeren Aspekte der einzelnen Qualitäten, und es entwickelt sich das Bild eines Menschen, auf das die Urheber der Liste meist sehr positiv reagieren.

Bild 18
Projekte / Qualitäten – Liste eines Kursteilnehmers

Ein Mensch, der Bewegung liebt und andere bewegt; ein Mensch, der in Kontakt ist mit anderen, der gern unter Menschen ist; ein Mensch, der sich aber auch gern mit anderen misst, der eine Bestätigung daraus zieht, sich ständig zu verbessern; ein Mensch, der tut, was er gern macht, der in dem, was er macht, die eigene Persönlichkeit entwickelt und zum Ausdruck bringt, der sein Leben selbst gestaltet; ein Mensch, der frei ist, sich frei fühlt und das Gefühl von Freiheit ausstrahlt …

Wir schauen, während wir die Liste langsam vorlesen und dabei die einzelnen Qualitäten wertschätzen, auf den Urheber der Liste und beobachten seine Reaktionen auf unsere Formulierungsvorschläge. Sind wir am Ende der Liste angekommen, können wir die Frage stellen: „Was ist das für ein Mensch, der all das in sich vereint? Wie könnte der aussehen? Wie steht ein solcher Mensch im Leben? Was für einen Beruf könnte er haben? Wie könnte es sich anfühlen, dieser Mensch zu sein?"

Die Welt der Qualitäten

Die Welt der Qualitäten ist eine Drehtür zwischen innen und außen. Wir wissen nie so genau, ob sich eine Qualität mehr in unserem Inneren entwickelt, um sich dann im Außen zu konkretisieren, oder ob wir sie zuerst im Außen manifestieren, um dadurch eine innere Erfahrung aufzubauen. Wahrscheinlich ist die Unterscheidung zwischen Innen und Außen bei Qualitäten nicht sinnvoll, vielleicht sogar hinderlich. Ich glaube, wir wissen heute weniger über die Tore zwischen diesen beiden Welten als frühere Generationen.

Traumbild

Der Schüler kommt verzweifelt zur Alchemistin: „Heute Nacht hat mir geträumt, ich hätte das Große Werk vollbracht. Das Gold strahlte silbern wie der Mond und funkelte zuletzt so rein wie die Sonne. Dann bin ich aufgewacht und ich realisierte, dass alles nur ein Traum war. Ach, hätte ich doch nur einen Krümel davon in die Tasche stecken und aus dem Traume hierher hinüberretten können!"

„Wie hast du dich gefühlt im Traum, als du das Gold gefunden hast? Kannst du dich noch daran erinnern?", fragt die Alchemistin. „Ja, natürlich, es war wunderbar. Eine riesige Freude erfüllte mich durch und durch." „Wenn du dich daran erinnerst, kannst du es sicher auch jetzt noch fühlen?" Der Schüler schließt für einen Moment die Augen und lässt die Bilder der Nacht erneut in sich aufsteigen. Als er sie wieder öffnet, strahlt er über das ganze Gesicht. „Siehe da", sagt die Alchemistin, „hier ist das Gold, das ganz mühelos die Tore zwischen Traum und Wirklichkeit passiert."

Der Urheber schaut sich seine Liste an und fragt: „Bin ich derjenige, der durch diese Qualitäten beschrieben wird?"

Ich glaube, diese Listen lassen etwas von dem durchscheinen, was wir wirklich sind. Oft können wir uns jedoch nicht damit identifizieren. Einen Menschen, der solche Qualitäten repräsentiert, würden wir natürlich bewundern; dass wir es selber sein könnten, ist jedoch weit von unserer Vorstellung entfernt. Gleichzeitig merken wir, dass uns diese Qualitäten viel bedeuten und vermutlich schon immer viel bedeutet haben. Sicher bewegen wir uns in ihre Richtung. Wobei: Würden wir sie wahrnehmen, wenn sie nicht in uns angelegt wären?

Ganz ähnlich wie in der alchemistischen Vorstellung in jedem Metall die Möglichkeit schlummert, sich zu Gold zu entwickeln, schlummern unsere Qualitäten in uns und warten darauf, entwickelt zu werden. Ich beobachte immer wieder, dass Menschen in Bezug auf ihre Berufs- oder Lebensplanung ganz andere Entscheidungen treffen, nachdem sie innerlich ja gesagt haben zu den Dingen, die ihnen in ihrem Leben wirklich wichtig sind.

Dass wir bei den Qualitäten an einer Essenz arbeiten, die sich nicht so leicht ins Raster innen/außen einordnen lässt, macht den Umgang außerordentlich spannend und unvorhersehbar. Es liefert Antworten auf die Frage, wie wir arbeiten wollen, und das betrifft sowohl unsere innere Einstellung wie auch die nach außen manifestierten Werte und Möglichkeiten.

Traumreise in die berufliche Zukunft

Eine Teilnehmerin eines Wochenendseminars kam aus einer „Traumreise in ihre berufliche Zukunft“ zurück mit dem Bild einer Werkstatt, in der sie alte Instrumente baute. Wir bauten also auf der Bühne die Werkstatt auf, und alle waren verblüfft, mit welcher Lebendigkeit sich das Bild einer Instrumentenbauerin entfaltete. Die Gruppe war begeistert und hätte gern gesehen, dass damit auch die Frage nach der beruflichen Ausrichtung dieser Teilnehmerin geklärt gewesen wäre. Die Klärung kam jedoch erst zwei Wochen später. Durch die Erfahrung auf der Bühne wurde ihr bewusst, dass dieses Bild sie daran gehindert hatte, den naheliegenden nächsten Schritt in ihrer beruflichen Laufbahn zu machen. Ihr Weg ging dann tatsächlich weg von der theoretischen Arbeit an der Universität zu einer mehr praktischen in der Umweltchemie. Der Instrumentenbau als Qualität von „praktischer Arbeit“ wurde bei der Entscheidung berücksichtigt. Die Instrumentenbauerin als manifestes Ziel rückte nach der Inszenierung auf der Bühne jedoch wieder völlig in den Hintergrund.

Manchmal ist das Wechselspiel zwischen innen und außen offensichtlich. Ich denke da an einen Klienten, der in die Beratung kam, weil er sich selbständig machen wollte. Ich freute mich also auf eine Gründungsberatung. In der praktischen Arbeit zeigte sich dann ein unerwartetes Problem. Jedes Mal, wenn der Mann von seinen Plänen für die berufliche Selbständigkeit redete, wurde seine Stimme leiser und leiser. Auch seine Geschäftsideen überzeugten mich nicht. „Wie soll sich dieser Mensch selbständig machen?“, dachte ich. Es dauerte zwei qualvolle Beratungsstunden, in denen ich versuchte, mich konstruktiv mit seinem Projekt auseinanderzusetzen, in Wirklichkeit aber nichts anderes tat, als seine Pläne zu kritisieren, bis ich merkte, dass es tatsächlich darum ging, dass er sich selbständig machte. Es war jedoch nicht die Ebene von Selbständigkeit gemeint, auf der wir gearbeitet hatten. Es ging ihm um ein Lebensgefühl und einen souveräneren Umgang mit seiner Partnerin und seinen Freunden. Mein gut gemeinter Versuch, ihm die berufliche Selbständigkeit auszureden, ging daher am Wesentlichen vorbei.

Ein Tag in der Zukunft

Wir haben jetzt genügend Material gesammelt, um einen Blick in die Zukunft zu werfen. Die Alchemistin füllt ein Glasgefäß mit allen Zutaten, die wir bisher gesammelt haben: die Qualitäten aus Ihrer Liste, das Körpergefühl aus den Gipfelerlebnissen, die Träume Ihrer Kindheit, vielleicht auch noch die Botschaft des Wesens aus dem Postkarten-Orakel und einige funkelnde Tautropfen, die Sie nach Ihrer langen Nacht des Nichtwissens gesammelt haben.

Jetzt wird das Gefäß hermetisch verschlossen, und Sie tun es der Alchemistin gleich und stimmen sich auf die kommende Arbeit ein. Sie gehen davon aus, dass aus all dem Material ganz von selbst eine Essenz entstehen wird, die Ihnen einen Platz zeigt, an dem Sie und die Welt in einer optimalen Weise interagieren. Einen Ort, der für Sie stimmig ist und möglichst viel von Ihren Bedürfnissen und Sehnsüchten abdeckt. Bitten Sie dazu eine höhere Instanz um ihren Segen. Dies zu tun gehört mit zu der richtigen Einstellung, erklärt Ihnen die Alchemistin, und ohne diese kann das „Große Werk" nicht gelingen.

Das Gefäß wird in den Ofen geschoben und langsam erhitzt. Nach einiger Zeit können seltsame Farbreaktionen auftreten, die Alchemistin spricht von „cauda pavonis", vom Schwanz des Pfaus, und ist zuversichtlich, dass das Werk gelingt. Es bildet sich ein Regenbogen, und dieser vermischt sich schließlich zu einem reinen Weiß. Jetzt wird der Inhalt des Gefäßes transparent und er gibt den Blick frei auf einen Tag in Ihrer Zukunft. Sie fühlen sich auf eine seltsame Weise in diesen Tag hineinge-

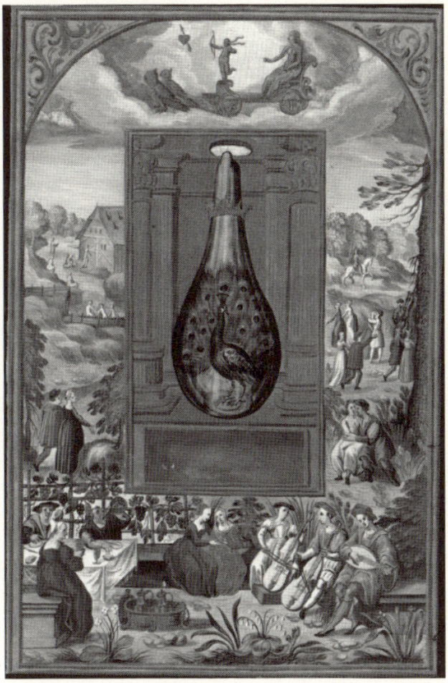

Bild 19
Der Pfauenschwanz, „cauda pavonis“, als Erscheinung einer Farbenvielfalt im hermetischen Gefäß

zogen, und bevor Sie sich versehen, wachen Sie auf und schauen sich verwundert um.

Manchmal, wenn wir aus einem langen und tiefen Schlaf erwachen, brauchen wir einige Zeit, um uns zu orientieren. Eine Weile wissen Sie noch, dass Sie eben dabei gewesen sind, Ihre Zukunft zu planen, dass Sie in einem alchemistischen Labor gestanden haben und jetzt wohl gerade eine Vision erleben. Diese Erinnerung verblasst jedoch, so wie wir am Morgen manchmal unsere Träume vergessen, und Sie konzentrieren sich auf die Welt, in die hinein Sie eben aufgewacht sind. Was war es, was Sie geweckt hat? War es ein Geräusch, das Licht, ein Mensch oder vielleicht ein Duft? Langsam orientieren Sie sich im Raum und nehmen einfach wahr. Sie stehen auf und gehen zum Fenster, um einen Blick ins Freie zu werfen. Wohnen Sie in einer Stadt oder auf dem Land, ist es eine Landschaft, die Sie kennen, oder kommt sie Ihnen fremd vor, leben Sie in einem Haus oder einer Wohnung, mit anderen Menschen zusammen oder allein?

Sie gehen Ihren üblichen morgendlichen Gewohnheiten nach (Zähneputzen, Duschen usw.) und beginnen sich auf diesen Tag einzustimmen. Sie nehmen wahr, ob Sie Ihre Arbeit aus dem Haus hinausführt oder ob Sie an diesem Morgen hier arbeiten. Sie nehmen wahr, ob Sie an diesem Morgen mit anderen Menschen zusammen sind oder allein, in einem Gebäude oder im Freien.

Während Sie Schritt für Schritt durch Ihren Tag gehen und einfach wahrnehmen, was Sie sehen, was Sie hören, was Sie riechen und was Sie spüren, Ihre Begegnungen und Ihre Handlungen, blenden wir an dieser Stelle aus und lassen Sie diese Reise allein weiter erleben ... Wir stoßen erst spät am Abend wieder zu Ihnen. Sie liegen schon wieder im Bett und haben soeben diesen Tag noch einmal Revue passieren lassen. Sie haben zusammengetragen, was Ihnen daran gefallen hat, an welchen Punkten Sie Freude verspürten und wo Ihr Herz am meisten mitschwang.

Dann schweifen Ihre Gedanken in die Zukunft, und Sie nehmen wahr, auf welche Dinge Sie sich in nächster Zeit besonders freuen, welche noch nicht verwirklichten Projekte auf Sie warten und welche Aufgaben vor Ihnen liegen.

Danach bewegen sich Ihre Gedanken in die Vergangenheit. Mit dem Blick in die verflossene Zeit tauchen Erinnerungen in Ihnen auf. Sie denken zurück an die Momente, in denen Sie intensiv an Ihrer Zukunft gearbeitet und dabei das Labor der Alchemistin kennengelernt haben. Sie nehmen wahr, wie viel Zeit seither vergangen ist und spüren Dankbarkeit über den Weg, den Sie zurückgelegt haben. Sie schauen ihn sich noch einmal an und erkennen die Momente, die mit besonders viel Freude verbunden waren, und auch die Momente, wo Sie die Hoffnung fast verloren haben und nicht mehr weiterwollten. Immer deutlicher taucht das Bild von der Person auf, die Sie damals waren, als Sie im Labor der Alchemistin gearbeitet haben.

Sie bekommen ein Gefühl für die Gedanken und Bilder, für die Ängste und Hoffnungen von damals. Es entsteht so etwas wie ein Kanal durch Raum und Zeit: Sie blicken Ihrem jüngeren Ich in die Augen, und vielleicht entsteht das Bedürfnis, ihm etwas mitzuteilen. Nachdem Sie Ihre Botschaft formuliert haben, geschieht etwas Eigenartiges: Sie werden aus dem Bild herausgeschoben in den Kanal hinein, und es scheint, als ob Sie hinter Ihrer Botschaft herreisen würden, zuerst langsam und dann immer schneller. Plötzlich merken Sie, dass Sie wieder in der Haut Ihres jüngeren Ichs angekommen sind, und noch bevor Sie die Orientierung ganz wiedergefunden haben, hören Sie die Botschaft aus der Zukunft und spüren, wie Ihnen daraus durch diesen Kanal eine angenehme Energie entgegenrieselt. Diese Verbindung zu einem weiseren Teil von Ihnen, der schon einen viel weiteren Teil des Weges zurückgelegt hat, können Sie von jetzt an bei Bedarf immer wieder von neuem aktivieren. Dieses Gefühl und die Botschaft erfüllen Sie mit einer Zuversicht, in die Sie immer wieder eintauchen können, wann immer Sie es brauchen oder möchten.

Planung aus der Zukunft

Normalerweise stellen wir uns unser Leben als einen Weg vor, der aus der Gegenwart in eine immer unbekannter werdende Zukunft weist. Nach unserer Reise im letzten Kapitel haben wir eine weitere Möglichkeit. Genau so, wie wir aus unserem Leben in – sagen wir fünf Jahren – auf unser heutiges Leben schauen können, können wir auch die Planung aus der Zukunft in Richtung Gegenwart entwickeln.

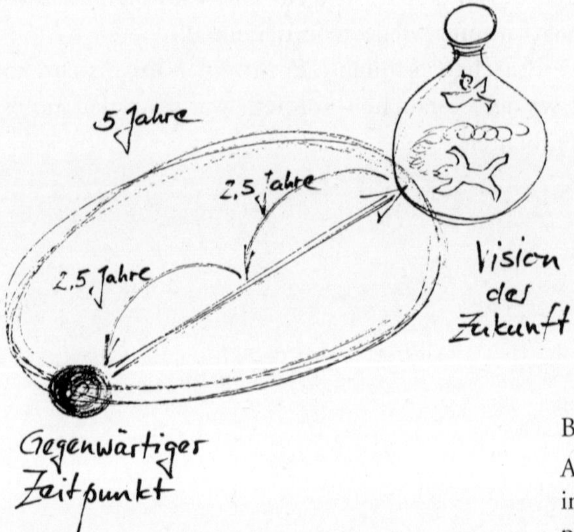

Bild 20
Aus der Zukunft in die Gegenwart planen

Wie viele Jahre liegen wohl zwischen Ihnen und den Bildern und Empfindungen, die Sie gehabt haben? Sie können sich den Weg aus Ihrer Vision in die Gegenwart als eine Linie im Raum vorstellen. Jahr für Jahr gehen Sie darauf einen Schritt zurück, auf die Gegenwart zu. Wo müssten Sie stehen, ein Jahr bevor Sie Ihre Vision erreicht haben und wie könnte sich das anfühlen? Wo, zwei Jahre vorher? Wo, drei Jahre …?

Schließlich kommen Sie in der Gegenwart an, wenden sich wieder um zur Vision und schauen einfach nur noch auf den allerersten kleinen Schritt vor Ihnen. Es ist natürlich auch möglich, mit mehreren Zukunftsbildern zu spielen und nicht selten gibt es dabei Überraschungen.

Eine Kursteilnehmerin konnte sich nicht entscheiden zwischen einer Laufbahn im Journalismus oder einer Karriere im Managementbereich. Ich ließ sie nacheinander langsam beide Möglichkeiten gehen – bis zur Marke „in zehn Jahren". Von dort schaute sie auf ihr „heutiges" Ich zurück und führte mit diesem einen Dialog. Als sie sich an ihr „zukünftiges" Ich als Managementberaterin wandte, murmelte sie plötzlich leise, wie zu sich selbst: „Bist du jetzt glücklich?" Wir ließen sie einen Rollentausch machen und den Platz ihres älteren Ichs einnehmen, das den ganzen Weg bis zur Managementberaterin schon zurückgelegt hatte. Als sie die Frage jetzt gestellt bekam, von einem anderen Gruppenmitglied, das an den Platz trat, wo sie als „heutiges Ich" gestanden hat, begann sie zu weinen: Es stellte sich heraus, dass sie den Weg in die Managementberatung vor allem gegangen wäre, um ihrer Mutter zu gefallen.

RUBEDO –
Die neue Ordnung der Welt

Me-tis Schüler Do verfocht den Standpunkt, man müsse an allem zweifeln, was man nicht mit eigenen Augen sähe. Er wurde wegen dieses negativen Standpunktes beschimpft und verließ das Haus unzufrieden. Nach einer kurzen Zeit kehrte er zurück und sagte auf der Schwelle: Ich muß mich berichtigen, man muß auch bezweifeln, was man mit eigenen Augen sieht.
Gefragt, was denn den Zweifeln eine Grenze setze, sagte Do: Der Wunsch zu handeln.

Bertolt Brecht, *Me-ti, Buch der Wendungen*[20]

Der Sonnenaufgang

Viele Alchemisten priesen den „lapis albus", den weißen Stein, ALBEDO, so hoch, als ob damit schon das Ziel des Prozesses erreicht wäre. Ähnliches lässt sich auch in der Berufs- und Lebensnavigation beobachten. Der Klient hat ein Bild davon, was er machen will, und verlässt die Beratung noch unter dem Eindruck der euphorisierenden Wirkung der TINCTURA ALBA.

Es gibt viele interessante Methoden, um Klienten bei der Umsetzung ihrer Vision zu unterstützen. Einige Menschen kommen sogar erst in dieser Phase in eine Beratung. Manchmal entsteht schon bei der ersten Begegnung mit einem Menschen das Gefühl, dass dieser – eigentlich – sehr genau weiß, was er will.

Ich kann mich in diesem Zusammenhang an eine meiner ersten Klientinnen erinnern. Ihr Auftreten, ihr Blick und ihre zielgerichteten Bewegungen sagten: Hier kommt ein Mensch, der eigentlich genau weiß, was er will. Also fragte ich sie ohne

Umschweife: „Was würdest du tun, wenn du tun könntest, was du willst?"

Sie antwortete wie aus der Pistole geschossen: „Büroökologie-Beraterin."

„Tolle Idee", sagte ich, „was hindert dich daran?"

Sie schaute mich etwas irritiert an und meinte dann: „Aber ich habe doch gar keine Ausbildung dazu."

„Macht nichts, es gibt ja noch gar keine Ausbildung dazu."

„Wie soll ich es also lernen?"

„Was, meinst du, müsstest du dafür können?"

„Ich müsste etwas über Ergonomie wissen."

Sie fing an aufzuzählen, was sie alles lernen müsste, und ich gab ihr Tipps, wo sie diese Dinge am besten lernen könnte. Dann gab ich ihr noch die Adresse des – meines Wissens – ersten Büroökologie-Beraters der Schweiz.

Wir vereinbarten, uns in einer Woche wieder zu treffen, um ihren individuellen Ausbildungsplan konkreter zu gestalten, und sie verließ glücklich meine Praxis. Eine Woche später kam sie zurück und schaute mich wütend an: „Warum hast du mir so einen Mist angeraten? Büroökologie-Beratung ist doch gar kein Beruf!"

„Entschuldigung, aber die Idee kam doch von dir. Im Übrigen finde ich sie gut."

„Aber damit kann ich doch bestimmt nie meinen Lebensunterhalt verdienen!"

Ich widersprach ... In dieser Art ging es einige Zeit hin und her. Ich war, wie gesagt, noch ziemlich unerfahren und daher von dieser neuen Entwicklung verunsichert. Schließlich fand ich heraus, was passiert war. Sie traf – etwas euphorisch, was in der Schweiz gefährlich sein kann – ihre Freundinnen und erzählte ihnen von ihrem neuen Projekt. Diese reagierten natürlich, wie Schweizer zu reagieren pflegen. Die erste: „Ja, hast du dir das gut überlegt?" Die zweite: „Wer hat dir denn so einen Floh ins Ohr gesetzt, diesen Beruf gibt es doch gar nicht." Die dritte: „Also, ich glaube kaum, dass man damit Geld verdienen kann."

Diese Episode brachte mich dazu, zwei Dinge viel ernster zu nehmen:

- Die inneren Kritiker, die sich sofort in voller Stärke zeigen, sobald wir anfangen, ein neues Projekt zu realisieren.
- Das Beziehungsnetz meiner Klienten und Klientinnen. Die Beziehung zu einem – das neue Projekte mehrheitlich ablehnenden oder unterstützenden – Umfeld ist ein immens wichtiger Faktor, ob Menschen neue Projekte in Angriff nehmen oder nicht. Damit sage ich nicht, dass es unmöglich ist, neue Projekte anzupacken, wenn man kein unterstützendes Umfeld hat. Es ist jedoch wichtig, sich dessen bewusst zu sein und sich dementsprechend einzurichten.

Heute fasse ich diese beiden Punkte unter dem Stichwort Konfliktfähigkeit zusammen. Es ist mir mittlerweile gleich, ob jemand sich durch innere Kritiker von seinen Plänen abhalten lässt oder durch Menschen in seinem Umfeld. Konflikte austragen ist das Kerngeschäft der Veränderung, und je besser wir darin werden, um so einfacher lassen sich unsere Visionen verwirklichen.

Kritiker, Monster und Verhinderer

Der adäquate Umgang mit inneren und äußeren Kritikern, Bremsern und Verhinderern eröffnet uns ein spannendes Erfahrungsfeld. Ich schlage vor, zuerst einmal die Reise ins Reich der inneren Figuren zu wagen.

Wie merken wir überhaupt, dass wir Teile in uns haben, die uns bei der Umsetzung unserer Träume behindern? Eben noch war da die klare Vision, ein gangbarer Weg hat sich aufgetan und ein energievolles, freudiges Gefühl begleitete uns. Plötzlich verschwindet die Vision im Nebel, der Weg scheint verworren, und das positive Gefühl ist Müdigkeit und Schwere gewichen. Was ist passiert?

Wenn Sie genau wahrnehmen, wird Ihnen dabei etwas auffallen: Es könnte sein, dass Sie dem Unbehagen Ihr Ohr leihen und dabei eine kritische Stimme in sich hören. Diese könnte Dinge sagen wie: „Du kannst das sowieso nicht“ oder „Dafür bist du viel zu dumm“ oder „Bei so was bist du schon einmal kräftig auf die Nase gefallen“ oder schlicht „Vergiss es!“. Ein Teil der Figuren, die uns an der Umsetzung unserer Pläne hindern, erscheinen also als innere Stimmen.

Es kann aber auch sein, dass Sie in dem Moment, wo Sie eine für Ihr Projekt wichtige Entscheidung treffen müssen, einfach von einem starken Gefühl, etwa von Trauer, überwältigt werden. Jetzt ist ein Bremser in der Form eines Gefühls aufgetaucht.

Manchmal erscheinen Verhinderer auch als energetische Phänomene: Wir bekommen bei der Vorstellung, einen wichtigen Schritt in eine von uns gewünschte Zukunft zu machen, plötzlich Magenkrämpfe oder heftige Kopfschmerzen.

Die Kritiker der ersten Kategorie sind normalerweise am einfachsten zu handhaben. Wir können uns ihre Standpunkte anhören, auf berechtigte Anliegen reagieren, ihre Ratschläge, solange sie uns vernünftig vorkommen, befolgen und die ungerechtfertigten zurückweisen. Oft hilft es auch nachzufragen: „Warum glaubst du, dass ich dieses oder jenes nicht kann?“ „Wie, stellst du dir vor, sollte ich es sonst anpacken?“ „Was genau meinst du, wenn du sagst, ich kann das nicht?“ Gewisse Antworten Ihres inneren Kritikers können sehr brauchbar sein, andere entlarven ihn als hohlen Schwätzer. Insgesamt lasst sich der verbale Kritiker gut einspannen, und mit etwas Übung wird er zu einem wichtigen Ratgeber auf unserem Weg.

Schwieriger ist der Umgang mit den Bremsern, die uns in Gefühle stürzen. Gefühle sind schwerer zu fassen als die Sprache, und die Beschäftigung mit ihnen führt oft zu einem tieferen Prozess.

Das Sumpfmonster

In einer Gruppe habe ich vorgeschlagen, das, was uns hindert, als „Monster“ auf die Bühne zu bringen. Eine Frau spielte ein „Sumpfmonster“, das sie zurückhält, wenn sie telefonieren wollte, um mit einem potentiellen Arbeitgeber einen Termin auszumachen. Das „Sumpfmonster“ zog die Frau immer wieder zurück in den Sumpf. Ich hatte das Gefühl, dass es etwas einsam war, und bat darum, dass einige Gruppenmitglieder dem Sumpfmonster Gesellschaft leisteten.[21] Gemeinsam fingen sie an, weitere Gruppenmitglieder „herunterzuziehen“, indem sie sie an den Beinen von den Stühlen zogen. Dieses „Herumsumpfen“ wurde sehr lustvoll, und die Frau sagte anschließend, dass sie oft von einem Gefühl der Einsamkeit überschwemmt würde und dieses sie davon abhalte, eigene Schritte in ihre berufliche Zukunft zu machen.

In diesem Fall ging es um eine liebevolle Zuwendung, die das Problem bearbeitbar machte. Es ist gut möglich, das die Gefühle, die uns in solchen Situationen überschwemmen, gar nicht unsere eigenen sind. So kann das Gefühl von Trauer, das uns daran hindert, eine Richtung einzuschlagen, auch die Trauer unseres Vaters sein, der damals unter den Umständen der Zeit seiner eigenen Berufung nicht folgen konnte. Werden in einem Kurs solche Szenen auf der Bühne ausgespielt, entsteht eine Lösung oft in dem Moment, in dem jemand seinen Eltern, seinen Ahnen entgegentritt, ihren Klagen geduldig und mitfühlend zuhört, die damit verbunden Ansprüche aber freundlich und entschieden zurückweist.

Am schwierigsten zu handhaben finde ich die Verhinderer, die wir weder verbal noch gefühlsmäßig wahrnehmen. Wir erleben sie eher als „Attacken“. Der Angriff erfolgt auf einer energetischen Ebene. Hier besteht die Lösung oft in der Fähigkeit, dieser

Energie entgegenzutreten, sie für einen Moment in sich selbst aufzunehmen und so zu etwas zu machen, was uns in Zukunft verfügbar ist.

Gegnerische Energie

Eine Kursteilnehmerin war mittendrin, mit mutigen Worten und klaren Gesten ihre berufliche Zukunft zu skizzieren. Fünf Minuten später meldete sie sich nochmals zu Wort. Ihre Stimme hatte sich stark verändert und ihre Zuversicht sich in Luft aufgelöst. Sie klagte über eine Lähmung im linken Arm. Die Situation hatte etwas Beängstigendes. Da wir kurz vor der Mittagspause waren, brachen wir die Arbeit ab, und eine Kollegin brachte die Frau zu einer Ärztin. Am Nachmittag kamen sie zurück mit der Information, dass sich hinter dieser Attacke offensichtlich nichts Körperliches verbarg. Zumindest nichts, was sich mit einfachen Mitteln feststellen ließe, und sicher nichts akut Bedrohliches.

Wir entschlossen uns, an diesem Symptom auf der energetischen Ebene zu arbeiten. Ich fragte sie also, was genau sie in ihrem Arm wahrnehme und wie es sich anfühle. Sie sagte, dass es sich anfühlt, als ob sie jemand von hinten festhalten würde. Wir machten daraus ein Szenenbild, in dem sie sich abwechselnd sowohl in die Rolle derjenigen, die festgehalten wird, wie auch in diejenige, die festhält, hineinversetzte. In der Rolle als Festhaltende bekam sie jeweils einen finsteren und zu allem entschlossenen Gesichtsausdruck. Wir ließen die Frau daraufhin noch tiefer in diese Qualität der Entschlossenheit eintauchen. Sie beschrieb diesen Zustand als „kalt“, „hart“, „dunkel“ und „kraftvoll“. Nun sind das normalerweise nicht die Attribute, mit denen wir uns schmücken. Es folgte die Aufforderung, noch tiefer in diese Wahrnehmung einzutauchen, sie für einen Augenblick ganz wertfrei als Energie wahrzunehmen und sie im besten Fall – auch wenn's nur für eine Sekunde klappt – zu genießen!

Oft huscht den Menschen bei der Vorstellung, diese seltsame und ungewöhnliche Energie in sich aufzunehmen und zu genießen, ein Lächeln über das Gesicht. Sie erkennen, dass diese Kraft etwas ist, was sie selber besitzen und im richtigen Moment auch einsetzen können. Die Entschlossenheit und Härte im Beispiel war genau das, was diese Frau brauchte, um ihrem inneren Kritiker entgegenzutreten und Schritte zur Umsetzung ihrer Vision zu machen. Wer selber über diese Kräfte verfügt, für den ist es schwieriger, ihr Opfer zu werden.

In schamanistischen Kulturen werden solche – zuerst einmal erschreckenden Energien – als Verbündete gesehen. Die Menschen gehen in die Wildnis, werden mit energetischen Kräften konfrontiert, mit denen sie kämpfen müssen, und wenn es ihnen schließlich gelingt, diese niederzuringen, gehen deren Kräfte auf sie über. Die „Quälgeister" werden zu Verbündeten, die uns helfen, unsere Aufgaben besser zu meistern.[22]

Wir begegnen diesen Kräften oft in Krisen- und Übergangszeiten. In der Kindheit bevölkern sie unsere Alpträume und später tauchen sie als Angstzustände oder Körpersymptome auf. Immer wenn wir uns dazu entscheiden, etwas wirklich Neues anzupacken, werden unsere alten Muster aktiviert. Die Jagd nach den Verbündeten beginnt von neuem.

Diese Kämpfe sind eine große Herausforderung, und es ist nicht immer der richtige Zeitpunkt, sie auszutragen. Wir müssen zu enge Vorstellungen von uns aufgeben und uns dafür öffnen, dass wir selbst auch Gefäße für Energien – wie zum Beispiel Kälte – sein können, unter denen wir vielleicht in früheren Phasen unseres Lebens gelitten haben.

Die Energie, die uns aus der Zukunft, von einer Vision her zufließt, verleiht uns den nötigen Enthusiasmus, um diesen

Kampf zu wagen. Therapeutische Prozesse können eine unglaubliche Dynamik entwickeln, wenn die Menschen beginnen, die Zukunft mit in den Prozess hineinzunehmen.

Das Unterstützungskomitee

Bei der Umsetzung unserer Ziele sind wir auf unser unmittelbares soziales Umfeld angewiesen. Von hier fließt uns und unseren Projekten die nötige Kraft zu. Hier erhalten wir die Unterstützung, die wir brauchen, um unsere Träume zu leben.

Oft werden wir von unserem Umfeld jedoch auch gebremst. Es ist wichtig für neue Projekte, dass wir für unser Umfeld ein Bewusstsein entwickeln und lernen, an der Qualität der Beziehungen zu arbeiten.

Versuchen Sie mal eine Aufstellung zu machen von den Menschen, die im Moment den größten Einfluss auf Sie haben. Oft sind das nicht nur unsere unmittelbaren Partner und Freunde, sondern auch Teile unserer Herkunftsfamilie. Sie können diese Aufstellung auf einem Blatt Papier darstellen: Zeichnen Sie sich selbst in die Mitte, und die betreffenden Menschen gruppieren Sie so um sich herum, dass ihre Nähe die Stärke ihres Einflusses darstellt. Oft verwende ich auch nur ein großes Blatt mit konzentrischen Kreisen. Die Menschen stelle ich durch Steine dar, die ich an einem Flussufer gesammelt habe.

Stellen Sie sich jetzt Folgendes vor: Sie haben sich entschieden, Ihrem Leben eine Wende zu geben. Sie haben herausgefunden, was Sie antreibt, was Ihnen wichtig ist, und Sie haben ein klares Bild von einer Zukunft, auf die zuzugehen es sich lohnt. Nun stellen Sie sich im Weiteren vor, wie Sie zu einzelnen Menschen aus Ihrer Aufstellung hingehen und ihnen mitteilen, wozu Sie sich entschieden haben und was Ihre Pläne sind. Sie werden dabei eine unmittelbare Vorstellung erhalten, wie die jeweilige Person auf Ihre Ankündigung reagiert. Ist sie begeistert? Würde sie Sie fragen, wie sie Ihnen helfen könnte? Oder wäre sie entsetzt und würde etwas sagen wie: „Du hattest schon immer solche Schnapsideen. Wäre es nicht langsam Zeit, erwachsen zu werden und der Realität ins Auge zu sehen?" Es ist verblüffend, mit welcher Klarheit wir die Reaktion unserer Umwelt vorhersehen. Und auch wenn wir uns in der einen oder anderen Beurteilung täuschen mögen, auch wenn eine uns nahestehende Person nur in unserer Vorstellung negativ reagiert, wird diese negative Reaktion einen Einfluss auf unsere Pläne haben.

Sie können die positiven und die negativen Einflüsse aus Ihrer Aufstellung jetzt in Ihrem Blatt einzeichnen. Um zu einem Plus an positiven Einflüssen zu kommen, haben Sie mindestens zwei Möglichkeiten: Sie können an den negativen Einflüssen arbeiten. Das lässt sich auf die gleiche Art tun wie bei der Arbeit an den verbalen inneren Kritikern. Oder Sie verstärken die positiven Kräfte, indem Sie weitere Personen in Ihre Aufstellung hineinnehmen, von denen Sie wissen, dass diese Sie in Ihren neuen Plänen unterstützen.

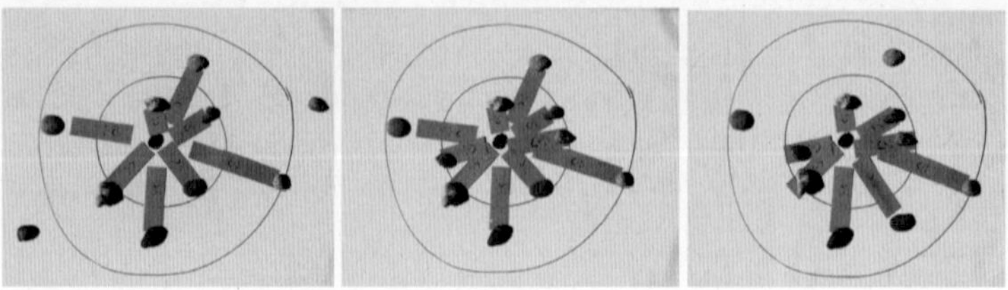

Bild 21

Das Unterstützungskomitee: Darstellung unseres hemmenden und fördernden Umfelds in Bezug auf ein Projekt.

1. Ursprungsbild
2. Mit zwei neu dazugeholten Beziehungen
3. Mit zwei geklärten Beziehungen

(Keine Linie bedeutet, diese Personen sind meinem Projekt gegenüber neutral.)

Fang den Hut!

Was muss man tun, um andere Menschen zu Partnern bei der Umsetzung unserer Visionen zu machen? Die schlechteste Variante nenne ich „Fang den Hut!“, weil es mich an das bekannte Kinderspiel erinnert. Jeder rennt herum und versucht, seine Vision den anderen überzustülpen. Da jedoch die meisten Menschen keine Freude daran haben, sich instrumentalisieren zu lassen, sind unsere Bemühungen nicht besonders erfolgreich. Erfolgversprechender ist es, wenn wir uns den anderen nähern, indem wir sie sanft dazu bringen, von ihren eigenen Träumen und Visionen zu erzählen. Vielleicht gelingt es uns, etwas Gemeinsames hinter unseren Visionen zu entdecken. Die Kunst, zusammen zu träumen, ist beglückend. Die meisten Visionen, die es Wert sind, verfolgt zu werden, gehören ohnehin nicht uns allein.

Spontaneität

Von den mittelalterlichen Alchemisten sind viele Parabeln überliefert, die das „Große Werk“ in Bilder kleiden. Meist beginnt die Geschichte mit der Beschreibung eines Landes, das unfruchtbar geworden ist, weil sich nur Gleiches mit Gleichem paart (fehlende Kreativität) anstatt dass Gegensätze vereinigt werden. Manchmal ist es auch ein König (das Bewusstsein), der krank geworden ist und an (geistiger) Unfruchtbarkeit leidet. Bei Riplaeus[23] kommt die Lösung durch die Rückkehr in den Mutterleib, wo der kranke König sich in der (unbewussten) PRIMA MATERIA auflöst (NIGREDO). Endlich gebiert die Mutter ihn wieder als Kind, das dem Monde gleicht (ALBEDO) und dann in den Glanz der Sonne (RUBEDO) übergeht. Dieses Kind wird neuer König und soll als großer Heiler aller Kranken und höchster Triumphator in Erscheinung getreten sein. (Er hat die Krise bewältigt und kann seine neu erworbene Kreativität in der Welt umsetzen. Damit hilft er nicht nur sich, sondern wird auch für die Welt zum Heiler.)

Bisher haben wir untersucht, was uns daran hindert, unsere Pläne umzusetzen. Was aber ist dieser Sonnenzustand, als der RUBEDO auch bezeichnet wird? Welche Qualitäten sind damit verbunden? In vielen alchemistischen Texten werden der Mondzustand und der Sonnenzustand in Verbindung gesetzt. Es ist nicht so, dass es einfach zwei Phasen eines Prozesses sind. „Das Weiße und das Rote sind Königin und König, die auch in dieser Phase ihre ‚nuptiae chymicae' (chemische Hochzeit) feiern können."[24] ALBEDO haben wir der Imagination und der Kreativität zugeordnet. RUBEDO hat wohl am ehesten etwas mit Spontaneität zu tun. Aber worin liegt der Zusammenhang dieser beiden Qualitäten?

Ich stelle mir die Verbindung zwischen Kreativität und Spontaneität vor wie einen Kanal, über den die Veränderung in die Welt kommt. Der Eingang dieses Kanals ist der Ort der Kreativität und der Ausgang der Ort der Spontaneität. Die Kanäle sind natürlich wir selbst. Es gibt Zeiten, in denen wir sehr inspiriert sind, bei der Umsetzung unserer Visionen jedoch wenig praktisches Geschick an den Tag legen. Oben fließt viel hinein und unten kommt wenig heraus. Daraus entsteht Druck. Viele schöpferische Menschen kennen das Gefühl, dass sich die Kreativität anstaut, um sich dann mit einem plötzlichen Schub spontan in ein Werk zu ergießen.

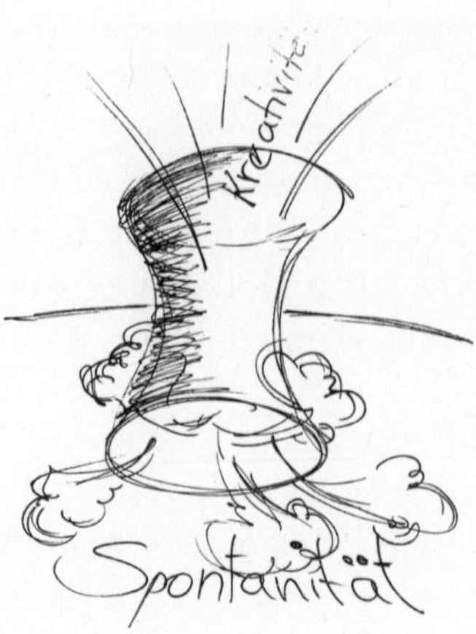

Bild 22
Die Verbindung von Kreativität und Spontaneität

In anderen Zeiten ist der untere Teil vollkommen geöffnet, oben aber fließt wenig hinein. Es entsteht eine Leere. Kreativität und Spontaneität gehören beide zum Prozess der Veränderung und sie müssen ausbalanciert sein, damit das „ewige Wasser" fließt.

Bild 23
Sulphur als Sonne, Mercurius als Mond überbrücken den Fluss des „ewigen Wassers".

Hindert uns zu Beginn des Prozesses das impulsive „Einfach-irgendetwas-Tun" daran, uns der meditativen „imaginatio" zuzuwenden, kann uns der traumähliche, kreative und inspirierte Zustand der ALBEDO davon abhalten, in der Welt aktiv zu werden. Die Spontaneität ist das, was „intervenieren" muss, damit kreative Prozesse freigesetzt werden können.[25] Damit ergibt sich eine interessante Parallele zur RUBEDO. Das Blut, das Feuer des Lebens, muss die „lunaren" Bilder beleben, damit die Kreativität in die Alltagswelt fließen kann.

Die Spontaneität ist entwicklungsgeschichtlich noch vor der Sexualität entstanden. Sie wird jedoch in unserer Kultur stark gehemmt und entmutigt. Einige Forscher sind sogar überzeugt, dass „ein großer Teil der menschlichen Psycho- und Soziopathologie der ungenügenden Entwicklung der Spontaneität zugeschrieben werden kann".[26]

Spontaneität ist der Ort, an dem die Welt und die Kreativität der Menschen in einer adäquaten Weise aufeinandertreffen.[27]

Wenn es uns gelingt, unsere Visionen umzusetzen, werden alle Körper zu ihrer eigenen Würde gezogen. Damit bekommt unsere private Vision eine Bedeutung für die Welt. Spontan können sich die Dinge unter dem Einfluss des erneuerten Bewusstseins ordnen.

Bild 24

Kosmologische Darstellung des Jahreszyklus als „coniunctio" (Verbindung) von Sol und Luna (Sonne und Mond). Die Form des Mandalas ist ein Ausdruck für die neu gewonnene Ordnung.

Epilog

Wir haben jetzt so getan, als gäbe es in der Berufsnavigation einen Prozess mit mehreren getrennten Phasen. Das ist natürlich eine grobe Vereinfachung. In Wirklichkeit haben wir es mit viel komplexeren Bewegungen zu tun. Der Prozess geht vorwärts und rückwärts, bewegt sich mehrmals über die gleichen Punkte, die beim zweiten Mal eben doch nicht mehr die gleichen Punkte sind, und greift spiralförmig um sich. Der Triumph des Löwen, den wir in der Phase der RUBEDO erleben können, ist auch nicht das Ende. Wohl eher früher als später werden wir wieder mit Unsicherheiten konfrontiert, verlieren die Auseinandersetzung mit unseren inneren Kritikern und den Kontakt zu unserer eigenen Inspiration. Wir ziehen uns erneut zurück und warten wachsam auf die Signale der Welt. Schließlich finden wir die Inspiration wieder. Oft an einem Ort, an dem wir sie zuletzt vermutet hätten.

Die Alchemie bezog ihre Faszination über zwei Jahrtausende daraus, dass sie immer nur fast gelang, und genau das könnte ein Schlüssel sein zum Verständnis unseres Lebens. Das „Große Werk", an dem wir arbeiten, das OPUS MAGNUM, ist unser Leben, und es wird Höhepunkte geben und Momente des Triumphs. Diese Augenblicke werden jedoch vorübergehen und schließlich werden wir merken, dass unser Leben, gemessen an den Maßstäben und den Möglichkeiten der Welt, immer nur fast gelingt. Dieses Scheitern ist aber mitnichten eine Niederlage, sondern integraler Bestandteil des Spiels des Lebens. Diese Weisheit ist das letzte Geheimnis der Alchemistin und es erklärt ein wenig das sanfte Glimmen in ihren Augen …

Berufs- und Lebensnavigation als Netzwerk

Das Thema dieses Buches ist die Berufs- und Lebensnavigation. Das ist ein etwas sperriger Begriff, hat jedoch den Vorteil, dass er neu ist. Er ist nicht vorbelastet und lässt sich daher gut mit den Inhalten verbinden, die mir in diesem Zusammenhang wichtig sind.

In der Schweiz gibt es seit langem den Begriff der Laufbahnberatung. In Deutschland und Österreich ist er praktisch unbekannt. In Deutschland wird „Laufbahn“ nur im Zusammenhang mit der „Beamtenlaufbahn“ gebraucht, und das weiter verbreitete, aus dem Englischen abgeleitete „Karriere-Beratung“ hat den Anhauch von Ehrgeiz, Aufstieg und Management.

Die Berufsberatung hingegen ist fast ausschließlich etwas für Jugendliche vor der Entscheidung für eine erste Ausbildung. Die Arbeitswelt ist jedoch komplexer geworden, und der Anteil der Erwachsenen bei Beratungen zum Thema Beruf hat in den letzten Jahren kontinuierlich zugenommen. Das liegt sicher auch daran, dass es die klassische Laufbahn oder Karriere praktisch nicht mehr gibt. Heute trifft man immer weniger Menschen, die ihrem angestammten Berufsfeld bis zur wohlverdienten Pensionierung treu bleiben.

Den Begriff „Berufs- und Lebensnavigation“ verwende ich seit fünf Jahren. Ich bin wie viele andere Beraterinnen und Berater auf der Suche nach einem Arbeitsansatz, der inneres Wachstum und äußeres Navigieren in der Welt des Berufs und des Lebens gleichzeitig unterstützt. Das geht weit über das rein Berufliche hinaus. Die Qualitäten, die wir im Leben suchen, wollen wir oft sowohl im Privaten wie auch im Beruf verwirklichen. Live-Work Balance gehört daher genauso zum Themenbereich Beratung wie moderne Formen der Projektarbeit und verschiedene Formen von Selbständigkeit. Auch das Thema der Zugehörigkeit zur Familie oder zu größeren Gemeinschaften taucht auf. Die Beratung findet in einem Zwischenreich statt. Sie ist weder Psychotherapie, die oft nicht über das Gefühlsleben hinausgeht, noch ein Coaching, wo das Erreichen klarer äußerer Ziele im Vordergrund steht.

Zu dem, was ich „Berufs- und Lebensnavigation" nenne, entsteht seit einiger Zeit ein Netzwerk. Es hat keine organisatorische Struktur – und das ist vielleicht gut so. Zweifellos ist es aber sinnvoll, wenn Menschen, die eine ähnliche Vision der Arbeit teilen, vermehrt zusammenarbeiten. Der bekannteste Exponent dieses Netzwerks ist sicher Frithjof Bergmann. „Neue Arbeit" (New Work) nennt er seinen Ansatz. In vielen Ländern gibt es Menschen, die daran arbeiten, konkrete Projekt weiterzuentwickeln und politische Forderungen zu formulieren, wie beispielsweise Stipendien für Menschen, die das tun, was sie „wirklich, wirklich wollen" (Bergmann).

„Alchemie" möchte ich als ein Symbol anbieten für das, was in den Fragen der Berufswahl und der Lebensgestaltung oft fehlt. Vor vielen Jahren dachte ich, dass ich der Einzige bin, der diesen Mangel wahrnimmt. Alle Menschen rund um mich schienen mit ihrer Arbeit und ihrer Laufbahngestaltung mehr oder weniger zufrieden. Erst als ich begann, mit den verschiedensten Menschen tiefer über diese Fragen zu sprechen, wurde mir klar, dass es sich dabei um einen Zeitgeist handelt. Es war ein befreiendes Gefühl, mit meinen Problemen nicht allein dazustehen.

Ich möchte zum Abschluss dieses Buches noch einmal die Punkte zusammenfassen, die mir bei der Berufs- und Lebensnavigation wichtig sind. Diese Stichworte haben natürlich meine ganz persönliche Färbung. Beim Lesen sollte Ihre Aufmerksamkeit daher auf etwas fokussiert sein, das als Empfindung hinter den Worten steht:

Arbeit darf

- Spaß machen,
- etwas mit Berufung zu tun haben,
- Gemeinschaft stiften und
- sich nicht auf funktionale Kriterien reduzieren lassen.

Um das zu verwirklichen, brauchen wir

- Mut,
- Unterstützung von anderen,
- Humor und einen kreativen Umgang mit den bestehenden Arbeitsstrukturen.

Ein Netzwerk aus Menschen, die sich der Unterstützung von Menschen auf dem Weg in diese „neue" Arbeit widmen, sollte

- Freude machen,
- Wissen leiten,
- die oben beschriebene Haltung transportieren und thematisieren,
- von einer gewissen Leichtigkeit durchdrungen und
- selbst ein Pool dieses neuen Arbeitens sein.

Wenn Sie mit diesen Aussagen in Resonanz sind, gehören Sie – vielleicht ohne es zu wissen – zu einem weltumspannenden Netzwerk. Wie ich dazu komme, so etwas zu behaupten? Ich vermute, dass Zeitgeister in der sozialen Wirklichkeit Netzwerk-Charakter haben. In dem Moment, in dem wir anfangen, mit anderen über unsere Bedürfnisse und Visionen zu sprechen, werden die bisher unfassbaren Zeitgeister zu handlungsfähigen Beziehungsnetzen.

Möchten Sie mehr über den Teil dieses Netzwerks erfahren, an dem ich selbst aktiv mitarbeite, können Sie die Internetseite *www.berufsnavigation.net* besuchen. Auf der Seite *www.fairwork.com* gibt es eine Sammlung mit konkreten Übungen sowie eine Übersicht der Kurse und Beratungen, die sich auf die Themen dieses Buches beziehen.

Anmerkungen

* Meist wird dabei die Frau als „Gehilfin“ des Mannes interpretiert, es gab jedoch auch aktive Alchemistinnen. Ein früher alchemistischer Text zum Entstehungsmythos dieser Wissenschaft handelt davon, wie die Göttin Isis von einem Engel das Geheimnis der Alchemie empfängt. Sie teilt es später mit ihrem Sohn Horus (mehr dazu bei Marie-Louise von Franz, *Alchemy*, Torornto 1980, S. 45). Ich spreche in diesem Buch, also, von einer Alchemistin.

1 Aus *Ich und Du*, in: Martin Buber, *Das dialogische Prinzip*, Gerlingen, 8. Aufl. 1997, S. 62
2 Aus „East Coker“, No. 2 of *Four Quartets*, in: T. S. Eliot, *Collected Poems 1909–1962*, London 1963. Unautor. Übersetzung: Thomas Diener. Deutsch/englisch in: *Gesammelte Gedichte 1909–1962*, Frankfurt am Main, 2. verb. Aufl. 1988, S. 296, oder im Internet unter: www.tristan.icom43.net/quartets/coker.html
3 Herminia, *Coraçon Leve* (CD, Mélodie 670052; 1998), Musik / Text: Vasco Martins. Übersetzung aus dem Creolo: Thomas Diener
4 Die Alchemie, obwohl wahrscheinlich in den ersten Jahrhunderten nach Christus entstanden, beruft sich in vielen Gründungsmythen darauf, eine uralte Kunst zu sein, die aus grauer Vorzeit stammt. Tatsächlich finden sich in allen bekannten Alchemie-Richtungen Spuren von Schamanimus und der Riten archaischer Metallurgie. (Vgl. Schütt, *Auf der Suche nach dem Stein der Weisen*, S. 541)
5 Joan Halifax, *Die andere Wirklichkeit der Schamanen*, Bern 1981
6 „Traumlabor – Psychodrama“, Abschlussarbeit zum Psychodramaleiter am schwedischen Moreno-Institut unter Leitung von Leif Dag Blomqvist, 1997.
7 Viel Hilfreiches finden Sie in der Schweiz in den kantonalen Berufs-Informations-Zentren (BIZ), in Österreich beim Arbeitsmarkt-Service (AMS) und in Deutschland bei den Arbeitsagenturen. Zusätzlich empfehle ich das Buch von Richard Nelson Bolles: *What Color Is Your Parachute?* Es gehört zum Erfrischendsten, was

es zu diesem Thema im Buchhandel gibt. Auf Deutsch hat es den etwas weniger ansprechenden Titel *Durchstarten zum Traumjob.*

8 Richard Nelson Bolles, *Durchstarten zum Traumjob*, Frankfurt am Main 2002

9 Johannes vom Kreuz, *Die Dunkle Nacht.* Eine Neuübersetzung, herausgegeben, übersetzt, eingeleitet von Ulrich Dobhan OCD u. a., ist 1995 in Freiburg erschienen.

10 Zur Beschreibung der Eigenschaften von Stammzellen in der Biologie z. B. gibt es durchaus Parallelen.

11 In vielen afrikanischen Stammeskulturen wird das Kind schon im Mutterleib (mittels schamanistischer Trancetechniken) gefragt, warum es sich jetzt in den Klan inkarniert und welche speziellen Fähigkeiten es mitbringt. (Siehe Somé, *Die Weisheit Afrikas*)

12 Bis zum Alter von einem Jahr hat ein Kind die Fähigkeit, alle Laute zu bilden, die in den verschiedenen Sprachen dieser Welt vorkommen. Nachher wird es sich auf diejenigen konzentrieren, die es in seinem Umfeld hört. Die Fähigkeit, viele weitere Laute zu formen, verschwindet allmählich.

13 Menschen, die an Wiedergeburt glauben, haben es an diesem Punkt einfacher. Sie können sich besser mit der Vorstellung abfinden, dass sie in diesem Leben nicht ihr gesamtes Potential entfalten können. Die Beschränkung ist weniger definitiv: Im nächsten Leben gibt es noch viel Platz für andere Aspekte der Persönlichkeit.

14 Zitat von Achaan Chah aus: Jack Kornfield, *Frag den Buddha und geh den Weg des Herzens*, München 1995, S. 47

15 Vgl. Marie-Louise von Franz, *Alchemy*, Toronto 1980

16 Natürlich hatte ich keine Ahnung, ob das, was ich spürte, etwas mit ihr zu tun hatte. Ich gehe davon aus, dass wir beim Begleiten von Menschen fast keine Fehler machen können, solange wir vorsichtig vorgehen, uns nicht in einen Erwartungsdruck bringen lassen und die Wirkung unserer Interventionen genau beobachten. Hätte die Frau auf mein „Theater" nicht reagiert, hätte ich es einfach bleibenlassen und wir hätten einen anderen Weg gesucht.

17 Oft stoßen wir auf faszinierende Entsprechungen von Namen und Tätigkeiten, ich hielt diese bis vor kurzem für Zufall: Es gibt jedoch tatsächlich einen statistischen Zusammenhang zwischen der Berufswahl und dem Klang unseres Namens, behauptet eine amerikanische Studie. So gibt es in New York zum Beispiel signifi-

kant mehr Zahnärzte (Dentists) mit dem Vornamen Denis, als es die statistische Normalverteilung erwarten lässt.

18 Aus dem Abschnitt „Imagination“ des Gedichts *New Year's Eve* des schottischen Schriftstellers / Dichters John Davidson (1857–1909)

19 Dr. Max Schüpbach, ein prozessorientierter Psychologe, der eine Ausbildung zur Sterbebegleitung anbietet, hat viele solcher Bespiele in seiner Praxis gesammelt.

20 Bertolt Brecht, *Me-ti, Buch der Wendungen*, Frankfurt am Main 1969, S. 92

21 Ich habe das in einem früheren Fallbeispiel schon erwähnt. Es scheint mir jedoch wichtig genug, noch einmal darauf hinzuweisen: Nach intuitiven Interventionen sollten wir sehr sorgfältig beobachten, wie die Betroffene und die Gruppe darauf reagiert. Wenn wir kein klares Feedback erhalten, dass wir auf dem richtigen Weg sind, sollten wir unsere Hypothesen einfach loslassen.

22 In den Berichten Carlos Castañedas über seine Begegnungen mit einem Yaqui-Indianer gibt es eine eindrückliche Beschreibung dieses Vorgangs: „Wenn ein Mann dem Verbündeten, dem Spender von Geheimnissen begegnet, dann muß er all seinen Mut zusammennehmen und ihn packen, bevor er von ihm gepackt wird, oder ihn jagen, bevor er von ihm gejagt wird. Die Jagd muß unerbittlich sein, und dann kommt der Kampf. Der Mann muß den Geist zu Boden ringen und ihn dort festhalten, bis er ihm Macht verleiht.“ Aus: Carlos Castañeda, *Eine andere Wirklichkeit*, Frankfurt am Main 2003, S. 249

23 George Ripley (Georgius Riplaeus, 1415–1490), englischer Alchemist und Arzt, in seinen *Chymischen Schrifften*, Erfurt 1624

24 C. G. Jung, *Erlösungsvorstellungen in der Alchemie*, Olten 1985, S. 12 f.

25 Diese Definition von Spontaneität stammt von J. L. Moreno, dem Begründer des Psychodramas.

26 Jakob L. Moreno, *Psychodrama und Soziometrie*, Köln 1989

27 Die wesentliche Aussage des Spontaneitäts-Konzepts liegt in dem Begriff „adäquate Reaktion“, was heißt, dass damit auch eine Beurteilung verbunden ist. Spontaneität ist also interpersönlich. Das, was adäquat ist, geht einher mit einer Art Emotion in Bezug auf einen selbst und die Umwelt. So Blomkvist in „Das therapeutische Agens und der Psychodrama-Regisseur in der Gruppentherapie“.

Verwendete Literatur

Bettelheim, Bruno, *Kinder brauchen Märchen*, München 1971 u. ö.

Blomkvist, Leif Dag, „Das therapeutische Agens und der Psychodrama-Regisseur in der Gruppentherapie“ (unveröffentlichtes Skript)

Bolles, Richard Nelson, *Durchstarten zum Traumjob*, völlig überarbeitete, aktualisierte und erweiterte Neubearbeitung, Frankfurt am Main 2002

Castañeda, Carlos, *Eine andere Wirklichkeit. Neue Gespräche mit Don Juan*, Frankfurt am Main 1998, 26. Aufl. 2003

Diener, Thomas, „Traumlabor – Psychodrama“, Zürich 1987 (unveröffentlichte Abschlussarbeit)

Edinger, Edward F., *Der Weg der Seele. Der psychotherapeutische Prozess im Spiegel der Alchemie*, München 1990

Franz, Marie-Louise von, *Alchemy. An Introduction to the Symbolism and the Psychology*, Toronto 1980

Grof, Christina und Stanislav, *Die stürmische Suche nach dem Selbst*, München 1991

Guggenbühl-Craig, Adolf, *Vom Guten des Bösen. Über das Paradoxe in der Psychologie*, Zürich 1992

Halifax, Joan, *Die andere Wirklichkeit der Schamanen*, Bern 1981; vollständig überarbeitete Neuausgabe: Freiburg 1999

Johnson, Robert A., *Ekstase, eine Psychologie der Lebenslust*, München 1991

Jung, C. G., *Die Psychologie der Übertragung*, Olten 1972

Jung, C. G., *Erlösungsvorstellungen in der Alchemie*, Olten 1985

Jungk, Robert, und Norbert R. Müllert, *Zukunftswerkstätten. Mit Phantasie gegen Routine und Resignation*, München 1989

Kornfield, Jack, *Frag den Buddha und geh den Weg des Herzens*, München 1995 u. ö.

Leutz, Grete, *Das klassische Psychodrama nach J. L. Moreno,* Berlin 1986

Maslow, Abraham H., *Psychologie des Seins,* München 1974; Frankfurt am Main 1997

Mindel, Arnold, *Dreambody,* Los Angeles 1982

Moreno, Jakob L., *Psychodrama Vol. 3,* Beacon (N.Y.) 1969

Moreno, Jakob L., *Gruppenpsychotherapie und Psychodrama,* Stuttgart 1988, 5. Aufl. 1997

Moreno, Jakob L., *Psychodrama und Soziometrie,* Köln 1989, 2. Aufl. 2001

Petzold, Hilarion, und Ilse Orth (Hrsgg.), *Die neuen Kreativitätstherapien,* Paderborn 1990

Schein, Edgar H., *Karriereanker – Handbuch: Die verborgenen Muster in ihrer beruflichen Entwicklung, Trainer-Leitfaden,* Darmstadt / München 1992

Schütt, Hans-Werner, *Auf der Suche nach dem Stein der Weisen,* München 2000

Somé, Malidoma, *Die Weisheit Afrikas,* München 2001

Waite, Arthur Edward, *The Lives of Alchemystical Philosophers,* London 1955

Bildquellen

Bild 1: Mutus Liber, La Rochelle 1677, Tafel 5
Bild 2: Grafik von Hansjörg Steinmann (2006)
Bild 3: Grafik von Hansjörg Steinmann (2006)
Bild 4: Grafik von Hansjörg Steinmann (2006)
Bild 5: H. Jamsthaler, Viatorium spagyricum, Frankfurt am Main 1625, S. 27
Bild 6: De summa et universalis medicinae sapientiae vetrum philosophorum (18. Jahrhundert), Ms. 974, Fig. 18, Bibliothèque de l'Arsenal, Paris
Bild 7: Mutus Liber, La Rochelle 1677, Tafel 15
Bild 8: Grafik von Hansjörg Steinmann (2006)
Bild 9: J. D. Mylius, Philosophia reformata, Frankfurt am Main 1622, S. 243, Fig. 6
Bild 10: Splendor Solis (1532), bpk / Handschriftenabteilung, Staatsbibliothek zu Berlin
Bild 11: Foto von Thomas Diener (2006)
Bild 12: Foto von Thomas Diener (2006)
Bild 13: Foto von Thomas Diener (2006)
Bild 14: Foto von Thomas Diener (2005)
Bild 15: Aurora consurgens (15. Jahrhundert), Ms. Rh. 172, f. 36r, Zentralbibliothek Zürich
Bild 16: Mutus Liber, La Rochelle 1677, Tafel 4
Bild 17: Grafik von Hansjörg Steinmann (2006)
Bild 18: Foto von Thomas Diener (2005)
Bild 19: Splendor Solis (1532), bpk / Handschriftenabteilung, Staatsbibliothek zu Berlin
Bild 20: Grafik von Hansjörg Steinmann (2006)
Bild 21: Foto von Thomas Diener (2005)
Bild 22: Grafik von Hansjörg Steinmann (2006)
Bild 23: J. C. Barchusen, Elementa chemicae, Leiden 1718, Imprimés R. 6927, Fig. 9
Bild 24: Handschrift (12. Jahrhundert), cod. hist. fol. 415, fol 17v., Württembergische Landesbibliothek, Stuttgart

Weitere Literatur zum Thema

Frithjof Bergmann
Neue Arbeit, Neue Kultur

Wir leiden nicht nur an schwindenden Arbeitsplätzen, sondern vor allem auch an dem, was der Philosoph Hegel „die Armut der Begierde" nannte. Gemeint ist damit die Unfähigkeit, Wünsche zu äußern und eigene Projekte zu realisieren. Nicht zuletzt deshalb klammern wir uns an Jobs, die nicht nur unseren Lebensunterhalt, sondern auch unseren Platz in der Gesellschaft sichern – selbst dann, wenn sie unbefriedigend sind. Und wir verzweifeln übermäßig, wenn wir sie verlieren. Um Abhilfe zu schaffen, müssen wir uns mehr auf das besinnen, was wir „wirklich wirklich wollen". Bergmann spricht von Berufung und meint sowohl gesellschaftliche als auch unternehmerische Aktivitäten. Zudem hält er die Menschen an, sich zumindest teilweise vom Zwang des Geldverdienens zu befreien, indem sie stärker auf Selbstversorgung als auf Konsum setzen. Der Visionär aus den USA denkt dabei unter dem Stichwort „High-Tech-Self-Providing" vor allem an die Selbstversorgung unter Nutzung aktueller technologischer Möglichkeiten. Neue Arbeit, neue Kultur ist ein Appell sich mit Alternativen zur klassischen Lebens- und Arbeitswelt auseinander zu setzen und die Impulse für den eigenen Erfolg zu nutzen.

Wie kann die Arbeit der Zukunft aussehen? Nach jahrzehntelanger Praxis legt Frithjof Bergmann nun endlich das Grundlagenwerk zu neuen Perspektiven der Arbeitsgesellschaft vor. Sein Gegenvorschlag zu dem gängigen Arbeits- und Lebensmodell hat mittlerweile unter dem Titel „Neue Arbeit" weite Kreise gezogen.

440 Seiten, ISBN 3-924195-96-X

Frithjof Bergmann
Die Freiheit leben

Das grundlegende Buch zum Bergmann'schen Freiheitskonzept. Eine theoretische Grundlegung mit Tiefe – das Fundament des Konzeptes der Neuen Arbeit und der damit verbundenen Wirtschafts- und Gesellschaftskritik. Bei allem ausgesprochenen Tiefgang bleibt es aber doch ein Buch in der bekannt lebendigen „Schreibe" Frithjof Bergmanns, die von Michael Schäfer grandios ins Deutsche übertragen wurde.

ISBN 3-936855-03-X

Frithjof Bergmann
Arbeit, die wir wirklich, wirklich wollen

Frithjof Bergmann und sein Konzept der Neuen Arbeit in 47 Minuten. In diesem Hörbuch erläutert Frithjof Bergmann – höchst persönlich und in ungewöhnlich dichter Form – sowohl die Grundelemente des Konzeptes als auch seinen eigenen Weg in Richtung der Neuen Arbeit. Ein erfrischender Einstieg für Interessierte, ermunterndes Begleitmaterial für Engagierte.

ISBN 3-935550-62-6, Hörbuch, Blauburg Verlag

Zur Jahreswende 2006/2007
erscheint das Taschenbuch
Neue Arbeit kompakt
von Frithjof Bergmann und Kerstin Mauersberger,
mit einem aktuellen Überblick über den Stand der
Neue-Arbeit-Bewegung.

Riane Eisler
Kelch & Schwert
Von der Fremdbestimmung zur Partnerschaft

Dieses Buch öffnet eine Tür. Es erschließen sich uns faszinierende neue Erkenntnisse über unsere Vergangenheit und unsere potentielle Zukunft. Dabei ergänzt es sich auf geradezu ideale Weise mit der Arbeit von Frithjof Bergmann, denn es zeigt die Möglichkeit partnerschaftlicher menschlicher Beziehungen jenseits von Herrschaft und Fremdbestimmung auf – eine wesentliche Bedingung, damit die Neue Arbeit Wirklichkeit werden kann.

Manche Bücher sind wie Offenbarungen, sie eröffnen unserem Geist unvorstellbare Möglichkeiten – Kelch & Schwert ist eines dieser großartigen Schlüsselwerke.

Isabel Allende

Das wichtigste Buch seit Darwins „Entstehung der Arten".

Ashley Montagu

„Kelch & Schwert" verleiht einer konkreten Hoffnung Ausdruck, die viele von uns hegen – dass es einen anderen Weg geben könnte Beziehungen und Institutionen zu gestalten, und zwar auf eine Weise, die dem Leben und den Bedürfnissen des Menschen dient. Als ich dieses Buch las, wurde ich erneut daran erinnert, dass eine andere Lebensweise nicht nur möglich ist, sondern bereits vor wenigen tausend Jahren für einen Großteil der Menschheit tatsächlich existiert hat. Riane Eisler inspiriert uns, die Arbeit zu tun, die notwendig ist, um diesen Traum heute Wirklichkeit werden zu lassen.

Marshall B. Rosenberg

ISBN 3-936855-16-1